LES
TEMPLIERS,

TRAGÉDIE EN CINQ ACTES,

Par M. RAYNOUARD,

DE L'INSTITUT DE FRANCE, SECRÉTAIRE PERPÉTUEL DE L'ACADÉMIE
FRANÇAISE, MEMBRE DE CELLE DES INSCRIPTIONS, etc., etc.

representée — à. 26. floreal. an 13

NOUVELLE ÉDITION,

(14. mai. 18

SUIVIE

Des Monuments historiques relatifs à la condamnation des
Chevaliers du Temple, et à l'abolition de leur Ordre.

A PARIS,

CHEZ J. N. BARBA, LIBRAIRE,

AU PALAIS-ROYAL, N° 51.

MDCCCXXIII.

IMPRIMERIE DE FIRMIN DIDOT.

PERSONNAGES.

PHILIPPE-LE-BEL, Roi de France.

JEANNE DE NAVARRE, Reine de France et de Navarre.

GAUCHER DE CHATILLON, Connétable.

ENGUERRAND DE MARIGNI, premier Ministre.

MARIGNI, son fils.

JACQUES DE MOLAI, Grand-Maître des Templiers.

MONTMORENCI. } Templiers.
LAIGNEVILLE. }

DIVERS AUTRES TEMPLIERS.

SUITE ET GARDES DU ROI.

Le théâtre représente une grande salle du palais du Temple. On y voit des trophées d'armes, les tableaux des batailles des chevaliers, et les statues de huit grands-maitres.

(L'action se passe à Paris, en 1307.)

LES TEMPLIERS,

TRAGÉDIE.

~~~~~~

ACTE PREMIER.

———

SCÈNE I.

LE CONNÉTABLE, MARIGNI FILS.

MARIGNI.

LE Monarque applaudit à votre heureux succès,
Et lui-même bientôt arrive en ce palais :
Votre avis réglera l'instant de sa présence;
Hors des murs de Paris le cortége s'avance.

LE CONNÉTABLE.

Aucun des chevaliers ne résiste, et je croi
Que tous se soumettront aux volontés du roi.
Dès que la nuit propice a, d'un voile plus sombre,
Caché de nos guerriers et la marche et le nombre,
Nous avons investi ces murs. Le jour naissant
A montré des assauts l'appareil menaçant;
Déja les chevaliers opposaient leur courage;
Mais à peine du roi je transmets le message,

Les portes s'ouvrent, j'entre, et surveillés de près,
Ils sont comme captifs dans leur propre palais.

MARIGNI.

Je ne le tairai point devant le connétable :
Comment les Templiers et leur chef respectable
Auraient-ils mérité leur destin rigoureux ?
On semble les proscrire ; on vous arme contre eux.
Quoi ! sans les accuser, Philippe les opprime !
Je vois un châtiment, et j'ignore le crime.

LE CONNÉTABLE.

Ces braves chevaliers qui, s'égalant aux rois,
Remplissaient l'Orient du bruit de leurs exploits,
Qui, dans chaque royaume et sur-tout dans la France,
Puissants de leur crédit et de leur opulence,
Obtenaient les respects du peuple et de la cour,
Pour renverser leur gloire, il a suffi d'un jour !
Déja l'inquisiteur a marqué ses victimes ;
On parle vaguement de complots et de crimes :
Que je les plains ! Suspects pour être trop puissants,
Comment aux yeux du roi seraient-ils innocents ?
Facile à s'alarmer, quelquefois il pardonne
Les complots qu'il connaît, jamais ceux qu'il soupçonne :
Pour nous, guerriers soumis et fidèles sujets,
Ne nous permettons pas de juger ses projets.
Marigni, nous devons notre exemple à la France ;
Notre premier devoir est dans l'obéissance.
Obéissons. Alors il nous sera permis
De parler en faveur de nos dignes amis :
J'espère auprès du roi trouver l'instant propice
D'intercéder pour eux, d'implorer sa justice.

Retournez donc vers lui ; vous desiriez savoir
Si ces lieux sont déja prêts à le recevoir ;
Qu'il vienne : le moment sans doute est favorable.
Et moi, j'attends ici ce guerrier vénérable,
Ce chef des Templiers que j'admire à-la-fois
Régnant parmi les siens et servant sous les rois,
Le grand-maître ; il m'est cher, j'estime sa vaillance :
Qu'il se dise innocent, je prendrai sa défense.

MARIGNI.

Pour sa noble franchise et pour sa loyauté,
Même des Musulmans, il était respecté :
S'il se dit innocent, certes, on peut l'en croire :
J'interrogeai les lieux qui racontent sa gloire,
Quand, privé de l'hymen promis à mon amour,
Honteux de reparaître aux regards de la cour,
Il fallait m'éloigner d'une amante chérie,
Sur les bords du Jourdain, aux champs de la Syrie,
Je courus partager les glorieux exploits
Des guerriers que guidait l'étendard de la Croix.
D'autres soins loin de nous retenaient le grand-maître ;
Mais d'illustres récits me le faisaient connaître.
Calme dans les revers, calme dans les succès,
Du sentier de l'honneur ne s'écartant jamais,
Au chevalier chrétien et même à l'infidèle
Des plus nobles vertus il offrait le modèle ;
Tous citaient sa valeur, tous comptaient sur sa foi :
Il paraît. Je vous quitte, et vais auprès du roi.

SCÈNE II.

LE GRAND-MAITRE, LE CONNÉTABLE.

LE GRAND-MAITRE.

Quoi! c'est vous, Châtillon! Quand tout me semble à craindre,
Ami, je vous revois! je cesse de me plaindre.

LE CONNÉTABLE.

Cher Molai! j'ai rempli mon sévère devoir,
Et maintenant je cède au besoin de vous voir.
O respectable ami! je vous connais sincère :
Dites-moi, n'avez-vous nul reproche à vous faire?
Que le guerrier français, le chevalier chrétien
Me réponde.

LE GRAND-MAITRE.

       Mon cœur ne se reproche rien.
Le roi nous persécute; et pourquoi? je l'ignore :
J'en cherchais le prétexte et je le cherche encore.
Quand je quittai la cour du monarque français,
J'emportai son estime et ses nobles bienfaits :
Au nom des rois chrétiens, il promit qu'une armée
Viendrait nous seconder, pour sauver l'Idumée.
Je revis le Jourdain, et l'étendard sacré
Au-delà de ses bords bientôt fut arboré :
Nous reprîmes Sion. Je baignai de mes larmes
Les degrés de l'autel que délivraient nos armes.
Si nous eussions des rois obtenu le secours,
Le temple était alors reconquis pour toujours;
Mais aucun ne s'arma pour la cause commune;

Trahis dans notre espoir, trahis par la fortune,
Il fallait de Sion délaisser les remparts;
Le pontife romain me rappelait : je pars.
Soixante chevaliers m'accompagnent en France ;
J'apprends qu'on nous dénonce, et j'offre ma défense:
On ne m'écoute pas. Ne m'a-t-on rappelé
Que pour être trahi, que pour être immolé?
J'ai fait de l'infortune un long apprentissage ;
D'un guerrier, d'un chrétien, je me sens le courage.
S'il faut braver la mort et s'il faut la souffrir,
Quarante ans de périls m'ont appris à mourir.

LE CONNÉTABLE.

Vous avez des amis dont le généreux zèle
Ne redoutera point de se montrer fidèle ;
La reine hautement se déclare pour vous:
Espérons.

LE GRAND-MAITRE.

Mais le roi, qu'exige-t-il de nous?

LE CONNÉTABLE.

Je crois que le ministre est chargé d'un message.

LE GRAND-MAITRE.

Dès long-temps il nous hait, souvent il nous outrage;
C'est lui que j'aperçois.

SCÈNE III.

LE GRAND-MAITRE, LE CONNÉTABLE, LE MINISTRE.

LE MINISTRE, *au Connétable.*
Connétable, restez.

(Au Grand-Maître.)

Les grands desseins du roi seront exécutés.
Déja de votre sort vous vous doutez peut-être ?

LE GRAND-MAITRE.

Je l'attends sans effroi.

LE MINISTRE.

Vous n'êtes plus grand-maître.

LE GRAND-MAITRE.

Qui l'a jugé ?

LE MINISTRE.

Le roi.

LE GRAND-MAITRE.

Mais l'Ordre entier...

LE MINISTRE.

N'est plus.

LE GRAND-MAITRE.

Croirai-je ?...

LE MINISTRE.

Épargnez-vous des regrets superflus ;
Soumettez-vous au prince : il l'espère, il l'ordonne.

LE GRAND-MAITRE.

Mais en a-t-il le droit ? quel titre le lui donne ?
Mes chevaliers et moi, quand nous avons juré
D'assurer la victoire à l'étendard sacré,
De vouer notre vie et notre saint exemple
A conquérir, défendre et protéger le temple,
Avons-nous à des rois soumis notre serment ?
Non, Dieu présida seul à cet engagement.
Le roi l'ignore-t-il ? et doit-on l'en instruire ?
Le seul pouvoir qui crée a le droit de détruire.

Un concile autrefois nous avait établis ;
Un concile aujourd'hui nous a-t-il abolis ?
Ce droit que l'on exerce au nom du diadème ,
Nous le contesterions à la tiare même ;
Mais le roi m'entendra : je vais auprès de lui.
Bientôt...

LE MINISTRE.

Avec la cour il arrive aujourd'hui ;
C'est ici seulement qu'il daigne vous entendre.

LE GRAND-MAITRE.

Non, je cours le chercher.

LE MINISTRE.

Je dois vous le défendre.

LE GRAND-MAITRE.

Comment !

LE MINISTRE.

Nul chevalier ne sort de ce palais.

LE GRAND-MAITRE.

C'est vous qui l'annoncez ?

LE MINISTRE.

J'ai des ordres exprès :
Ils s'exécuteront, et votre résistance
Serait aux yeux du prince une nouvelle offense.

LE GRAND-MAITRE.

Le monarque trompé nous peut sacrifier ;
Mais que ses serviteurs se gardent d'oublier
Qu'en ce palais encore ils parlent au grand-maître ;
Que je le suis toujours, et saurai toujours l'être.

LE MINISTRE.

De résister au roi prévoyez le danger.

LE GRAND-MAITRE.

Portez-lui ma réponse, au lieu de la juger.

SCÈNE IV.

LE CONNÉTABLE, LE MINISTRE.

LE CONNÉTABLE.

La haine les accuse; ils ne sont pas coupables.
Dénoncer, immoler ces guerriers respectables,
C'est tromper le monarque, et c'est trahir l'état.

LE MINISTRE.

Vos avis prévaudront dans un jour de combat :
Élevé dans les camps, un guerrier magnanime
Refuse noblement de soupçonner le crime.

LE CONNÉTABLE.

Je fais plus à-présent que de le soupçonner.

LE MINISTRE.

D'un semblable discours j'ai droit de m'étonner.

LE CONNÉTABLE.

Dans le champ de l'honneur il nous faut du courage ;
Mais je vois qu'en ces lieux il en faut davantage :
Tel marche à l'ennemi sans être épouvanté,
Qui n'ose dans les cours dire la vérité ;
Moi, j'oserai la dire.

LE MINISTRE.

                    Eh bien!... le roi s'avance :
Blâmez de ses projets la sévère prudence :
Plaignez-vous à lui-même.

SCÈNE V.

LE CONNÉTABLE, LE MINISTRE, LE ROI, MARIGNI FILS.

LE ROI.

Annoncez à ma cour
Que j'ai dans ce palais établi mon séjour :
La reine suit mes pas....
(*Au ministre.*)
Parlez-moi du grand-maître.
Se soumet-il?

LE MINISTRE.

Non, sire; il ose méconnaître
Et les droits du pontife et vos augustes droits.
Notre ordre, m'a-t-il dit, ne dépend point des rois.

LE ROI.

Aurais-je dû m'attendre à cette résistance?
Sans doute vous jugez combien elle m'offense :
Tout accuse à-la-fois ces guerriers dangereux;
Et j'hésitais pourtant à prononcer contre eux !
Marigni? votre fils revient de l'Idumée;
Il aura sagement jugé leur renommée :
J'ai su qu'à côté d'eux il avait combattu.
Qu'il parle; que peut-il attester?

MARIGNI.

Leur vertu,
Sire, pardonnez-moi ce langage sincère;
Je dis la vérité, je ne puis vous déplaire.

LE MINISTRE, *à son fils.*

Ignorez-vous qu'ils sont les ennemis du roi?

LE ROI.

Qu'il parle, je le veux.

MARIGNI.

Vous l'exigez de moi :
Je remplis un devoir, alors qu'à leur courage,
A leur saint dévoûment je rends un juste hommage.
J'admirai dans les camps ces braves chevaliers ;
Chrétiens toujours soumis, intrépides guerriers,
De tous les malheureux protecteurs charitables,
C'est aux seuls Musulmans qu'ils étaient redoutables.
Sire! aux jours de péril, les a-t-on vus jamais
Payer de leur honneur ou la vie ou la paix?
Dans les murs de Saphad une troupe enfermée,
Ne pouvant plus combattre une nombreuse armée,
Se rend, et le vainqueur, lâchement irrité,
Malgré le droit des gens, jusqu'alors respecté,
Veut que les chevaliers renoncent à leur culte :
Mais il prodigue en vain la menace et l'insulte;
En vain par les bourreaux il les fait outrager :
Intrépides encor dans ce nouveau danger,
Ils marchent à la mort d'un pas ferme et tranquille :
On les égorgea tous; sire, ils étaient trois mille.
Du trône et de l'autel intrépides soldats,
Modestes dans le cloître et fiers dans les combats,
S'ils ne peuvent toujours obtenir la victoire,
Ils obtiennent du moins la véritable gloire
Que leur zèle poursuit en tout temps, en tout lieu:
Ils meurent pour leur roi, leur patrie et leur Dieu.

Voilà de quels exploits leur courage s'honore ;
Voilà ce qu'ils ont fait, ce qu'ils feraient encore.

LE ROI.

Depuis qu'au Musulman leur défaite a livré
Et Solyme et le temple et le tombeau sacré,
J'ai voulu, de leur Ordre attaquant la puissance,
Rattacher ces guerriers aux destins de la France ;
J'avais, dans mes desseins, constamment préparé
L'heureux moyen d'atteindre à ce but désiré.
Quelques faits éclatants ont illustré mon règne ;
Il faut que l'étranger me respecte ou me craigne.
Le Français me chérit, depuis qu'en nos États,
Où délibéraient seuls les grands et les prélats,
Le premier, j'ai du peuple introduit le suffrage :
Mon peuple dans nos lois révère son ouvrage.
Le pontife romain, fier de quelques succès,
Ne voyait dans les rois que ses premiers sujets ;
Des lois de mon royaume il se disait l'arbitre :
J'ai bravé son audace, en respectant son titre ;
Et, de ce prêtre altier réprimant les vains droits,
J'aurai de sa tutelle affranchi tous les rois.
Les exploits d'Édouard bravent-ils ma puissance,
Il expie aussitôt sa superbe imprudence :
Justement effrayé de mes hardis projets,
En vassal de ma gloire, il accepte la paix.
Si les Flamands d'abord vainquirent notre armée,
J'ai fait de leur succès taire la renommée ;
Moi-même, combattant dans les plaines de Mons,
J'ai du jour de Courtrai réparé les affronts :
Jusqu'au pied des autels consacrant ma victoire.

Un monument pieux en garde la mémoire ;
Et mes travaux peut-être ont déjà mérité
D'obtenir un regard de la postérité.
Mais, quand j'affermissais les destins de la France,
J'ai senti que ma gloire et sur-tout ma prudence
Commandaient d'abolir un Ordre redouté,
Dont l'orgueil menaçait ma propre autorité.
Qu'espérer de guerriers qui, dans cet instant même,
Opposent leurs vains droits aux droits du diadème?
Ils offensent mon titre, ils bravent mon courroux.
Il faut prendre un parti : que me proposez-vous?
Pensez que le monarque aujourd'hui vous confie
Les intérêts du trône et ceux de la patrie.

LE MINISTRE.

Sire, n'hésitez point : à la rigueur des lois
Livrez ces ennemis de l'Église et des rois.
Les Templiers, jadis dans les champs d'Idumée,
Acquirent justement leur noble renommée ;
Avec zèle long-temps ils avaient combattu ;
Leur pauvreté modeste assurait leur vertu :
Mais, quand de toutes parts les dons et les largesses
Eurent mis dans leurs mains d'imprudentes richesses,
Avides d'en jouir et de les augmenter,
Aux droits les plus sacrés on les vit attenter.
L'ambition suivit de près les injustices ;
A l'attrait des plaisirs succédèrent les vices.
Bientôt des Musulmans leur orgueil eut appris
A jeter sur la foi le doute et le mépris ;
Enfin tel est leur crime : une croyance impie
A remplacé les lois de la chevalerie.

Je ne m'en cache pas : long-temps j'ai refusé
De croire aux vils forfaits dont l'Ordre est accusé;
Et je frémis encor d'arrêter ma pensée
Sur cette impiété qui vous est dénoncée.
Ce signe révéré des chrétiens, cette croix
Qui brille sur l'autel et sur le front des rois,
Il faut, pour être admis, qu'un chevalier l'outrage,
Et blasphême le Dieu dont elle offre l'image.
Dois-je vous dire encor quel juste châtiment
Mérite de leurs mœurs l'affreux déréglement?
Dois-je de tant d'excès faire un tableau sincère?
Même en les punissant, il convient de les taire.
Sire, excusez mon fils : a-t-il connu de près
Ces guerriers, leurs statuts et leurs rites secrets?

LE CONNÉTABLE.

S'il faut juger de tous par leurs chef respectable,
Sire, j'affirmerai qu'aucun d'eux n'est coupable.
Le grand-maître trahir son dieu! trahir son roi!
Je vous réponds de lui, sire, comme de moi;
Daignez....

LE ROI.

Je suis surpris, et j'ai raison de l'être :
Pour la première fois vous louez le grand-maître.
En aviez-vous jamais parlé comme aujourd'hui?

LE CONNÉTABLE.

Sire, ses actions parlaient assez pour lui.
Je sais qu'en cet instant on craint de le défendre,
Et j'aime à le louer, quand il ne peut m'entendre.
J'admirais le grand-maître au milieu des combats :
Sire, je l'imitais et ne le vantais pas.

Mais il est accusé, j'offre mon témoignage ;
J'atteste ses vertus, son zèle, son courage :
Aucun de nos guerriers, capitaine ou soldat,
Plus que lui ne chérit et le prince et l'État.
Sire, au lieu de céder aux clameurs de l'envie,
Rendons cet Ordre utile au trône, à la patrie.
Vainqueurs des Castillans, les nombreux Sarrasins
Menacent l'Aragon et les pays voisins ;
Et si l'Afrique un jour enhardit leur vaillance,
Il faudra nous armer pour délivrer la France.
Dans les plaines de Tours, jadis Charles-Martel
Sauva de leurs fureurs et le trône et l'autel.
De vaincre comme lui vous acquerriez la gloire ;
Prévenez le péril : c'est une autre victoire.
Que de l'Ordre accusé les chefs et les soldats
Sur les bords du Jourdain reportent les combats :
Noblement exilés pour la cause publique,
Ils sauveront l'Europe, en menaçant l'Afrique.
Ou dois-je vous soumettre un projet moins hardi ?
La mer, qui de la France enrichit le midi,
Du commerce d'Europe et d'Afrique et d'Asie
Deviendrait aisément l'asyle et la patrie.
Choisissez donc une île, un port, une cité ;
Placez-y ces guerriers sous votre autorité ;
Que sur les flots au loin leur vigilant courage
Des vaisseaux voyageurs protége le passage :
Si de ces chevaliers le zèle et le succès
Assurent le respect au pavillon français,
Vous verrez de nos ports l'activité féconde
Étendre et rapprocher le commerce du monde.

Sire, que l'Ordre existe et vous serve à-la-fois :
Détruire est le talent du vulgaire des rois ;
Mais, de tous les pouvoirs établir l'harmonie,
Créer ou conserver, c'est l'œuvre du génie.

LE ROI.

Que ne trouvé-je en eux de fidèles sujets !
J'appellerais leur zèle à de pareils projets ;
Mais au lieu d'obéir, ils donnent le scandale
De méconnaître en moi l'autorité royale :
Nous avons éprouvé s'ils sont ambitieux !
Alors que dans Paris un peuple factieux
De nos deniers, marqués d'une empreinte nouvelle,
Dénonçait à grands cris l'alliage infidèle,
Ces guerriers, disait-on, avaient secrètement
Préparé ce terrible et vaste mouvement.
Des périls dont cet Ordre entrave ma puissance
J'hésitai trop long-temps à délivrer la France.
Long-temps de leurs projets je me suis méfié ;
Leur audace aujourd'hui m'a trop justifié.

(*Au Connétable.*)

Du chef de ces guerriers ami prudent et sage,
Je vous charge auprès d'eux de mon dernier message :
Qu'ils apprennent de vous quel serait leur danger,
Si j'avais ou mes droits ou ma gloire à venger.
Lorsque l'inquisiteur sans cesse les dénonce ;
Lorsque son bras levé n'attend que ma réponse,
Cèdent-ils à mes veux ? le silence, l'oubli
Couvriront les erreurs de cet Ordre aboli ;
Mais si leur résistance offense encor le trône,

Au tribunal sacré leur roi les abandonne :
Je ne veux pas leur sang ; j'espère l'épargner ;
Mais il faut que tout cède au devoir de régner.

FIN DU PREMIER ACTE.

ACTE SECOND.

SCÈNE I.

LE MINISTRE, MARIGNI FILS.

LE MINISTRE.

Des Templiers suspects attestant l'innocence,
Tu t'es rendu coupable au moins d'une imprudence ;
Mais j'ai tout réparé. Nous sommes sans espoir
Qu'aucun des chevaliers rentre dans le devoir :
Du tribunal sacré les juges redoutables,
Arrivent empressés de punir les coupables.
Écoute. Dans mon fils le prince s'est flatté,
De retrouver mon zèle et ma fidélité,
Et de ton dévoûment entier, prompt et sincère,
La main d'Adélaïde est le digne salaire.

MARIGNI.

La main d'Adélaïde !

LE MINISTRE.

Oui, mon fils ; oui, j'obtiens
Cet hymen, digne objet de tes vœux et des miens.
Quand le roi différa cette haute alliance,
Quand toi-même irrité t'exilas de la France,
Nous cherchions les motifs apparents ou secrets,
D'un refus qui blessait nos plus chers intérêts :

2

Le prince ne cédait qu'à la haine importune
Des ennemis puissants qu'offensait ma fortune.

MARIGNI.

Qui sont ces ennemis?

LE MINISTRE.

                        Ceux qui craignaient le plus
Mon zèle à réprimer, à punir les abus :
Les Templiers.

MARIGNI.

          Comment!

LE MINISTRE.

                    J'ai la preuve certaine
Que tu fus, ô mon fils, victime de leur haine.
On en sait les motifs. Ce palais autrefois
Gardait tous les trésors de l'État et des rois :
Ministre, je mis fin à cette dépendance
Honteuse pour le prince et funeste à la France.
Ces guerriers résistaient; leurs efforts furent vains,
Et le trésor public échappa de leurs mains.
Dès-lors leur jalousie active et redoutable
Contre moi, contre toi s'est montrée implacable :
Mais j'oublie aujourd'hui que je fus outragé;
Ils verront ton bonheur, je suis assez vengé.

MARIGNI.

Mon bonheur ! Savez-vous.....

LE MINISTRE.

                        Oui, la reine elle-même
T'annoncera bientôt sa volonté suprême.
Elle te mande. Il faut l'attendre en ce palais;
O mon fils ! montre-toi digne de ses bienfaits.

Je rentre dans Paris. Des factieux peut-être
Agiteront le peuple en faveur du grand-maître ;
J'y serai.

SCÈNE II.

MARIGNI FILS, SEUL.

Que je plains ces guerriers généreux !
Croit-il m'associer à sa haine contre eux ?
C'est quand ils sont proscrits que mon hymen s'apprête !
Grand Dieu ! ne permets pas cette coupable fête.
Adélaïde ! ô ciel ! devais-je te revoir ?
Je n'ai fait qu'irriter mon affreux désespoir.
Tu goûtes en m'aimant un bonheur légitime ;
Mais, pour mon cœur, hélas ! notre amour est un crime.
Ce funeste secret, comment le révéler ?
La reine au pied du trône a daigné m'appeler :
Jadis de notre sort auguste protectrice,
Et des refus du roi tempérant l'injustice,
Elle nous consolait. A ses soins généreux
J'ai plus de droits encor, je suis plus malheureux.
Mais on vient ; la voici.

SCÈNE III.

LA REINE, MARIGNI FILS.

MARIGNI.

La reine permet-elle...?

2.

LA REINE.

J'attends le roi; restez. Guerrier brave et fidèle,
D'Adélaïde enfin soyez l'heureux époux;
Son bonheur désormais ne dépend que de vous.
Marigni, j'ai voulu vous l'annoncer moi-même.
Lorsque l'hymen m'offrit un nouveau diadème,
Du sort de mes états mon cœur fut trop jaloux
Pour les abandonner au sceptre d'un époux:
On exigeait en vain qu'une telle alliance
Asservît la Navarre aux destins de la France;
Je régnai par moi-même, et tous les Navarrois
Ont respecté, chéri la fille de leurs rois.
Leur bonheur fait le mien, et je vous le confie;
Conduisez auprès d'eux une épouse chérie.
Gouvernez en mon nom mes fidèles sujets,
Et qu'ils mettent mon choix au rang de mes bienfaits.

MARIGNI.

Reine illustre! la France et la cour et l'armée
Sont fières de l'éclat de votre renommée;
Les Français triomphants, les ennemis vaincus
Honorent vos succès, admirent vos vertus;
Le peuple, dont vos soins adoucissent la peine,
Connaît à vos bienfaits que vous êtes sa reine.
Votre sexe, par vous, montre l'art de régner;
Vous savez à-la-fois combattre et gouverner.
Quel destin vous m'offrez! Quoi! du haut de ce trône
Où la gloire s'assied, que la pompe environne,
Vos augustes regards descendent jusqu'à moi!
Disposez de mon zèle et comptez sur ma foi.
Ah! que ne puis-je, époux d'une amante fidèle,

Au bien de vos sujets me vouant avec elle,
D'un choix trop indulgent justifier l'honneur!
Mais je ne suis point né pour un pareil bonheur.

LA REINE.

Qu'entends-je, Marigni? parlez : que dois-je croire?
Ainsi vous refusez le bonheur et la gloire!
Et quand votre vertu servirait mes projets,
Vous dédaignez...

MARIGNI.

O reine!

LA REINE.

Expliquez-vous.

MARIGNI.

Jamais.

LA REINE.

Quel motif?

MARIGNI.

Un malheur...

LA REINE.

Ah! parlez, je l'exige.

MARIGNI.

Hélas! si vous saviez...

LA REINE.

Expliquez-vous, vous dis-je.

MARIGNI.

Eh bien! vous connaîtrez mon désespoir affreux,
Vous me plaindrez, mon sort sera moins malheureux.
Du prince de Béarn j'aimai l'illustre fille;
Je fus aimé, j'obtins l'aveu de sa famille :
Mais le roi (ma douleur arriva jusqu'à vous)

Promit Adélaïde aux vœux d'un autre époux.
Pouvais-je être témoin d'un cruel hyménée
Qui devait à jamais la rendre infortunée?
Accablé de mon sort, plus accablé du sien,
Je vole en Orient, où l'étendard chrétien
Rassemblait les guerriers dont le pieux courage
Espérait de Sion terminer l'esclavage.
Là, contre la douleur qui consumait mes jours,
La gloire et l'amitié m'offrent de vains secours.
Séparé de mon père, absent de ma patrie,
Désespéré, plaignant une amante chérie,
Dans mes tristes regrets n'osant même en parler,
Je pensai que Dieu seul pouvait me consoler.
J'admirais les vertus dont les soldats du Temple
Offraient à l'univers le généreux exemple;
Parmi ces chevaliers je comptais des amis:
Dans leurs rangs fraternels je consens d'être admis,
Et bientôt un serment funeste, irrévocable...

LA REINE.

Un serment vous enchaîne!

MARIGNI.

Épargnez un coupable:
Aux marches de l'autel prosterné chaque jour,
Je demandais à Dieu d'éteindre mon amour;
Insensé! de mes pleurs baignant le sanctuaire,
Je tremblais que le ciel n'exauçât ma prière.
Cherchant toujours la mort, ne l'obtenant jamais,
Ce fut mon désespoir qui fit seul mes succès.
Mes nobles compagnons, que mon audace étonne,
Du laurier des combats m'accordent la couronne;

Vain fruit de mes exploits! infortuné vainqueur!
La gloire est sur mon front, le deuil est dans mon cœur.
Cependant l'ennemi qu'irritent les défaites,
Dans une obscure nuit, sortant de ses retraites,
Reparaît tout-à-coup plus terrible et plus fort,
Porte dans notre camp l'incendie et la mort.
Nuit affreuse! au milieu des flammes, du carnage,
De guerriers peu nombreux que pouvait le courage?
Ils périssent plutôt que d'accepter des fers.
La gloire a raconté ces illustres revers.
Je survis presque seul. Cette triste journée
A mes yeux aussitôt change ma destinée.
Des saints engagements que ma bouche a jurés
Les témoins ne sont plus; je les ai tous pleurés:
Et la flamme a détruit les sacrés caractères,
De mon serment écrit témoins dépositaires;
Mon funeste secret n'est connu que de moi.
Adélaïde encor me réservait sa foi;
De fidèles avis m'en donnaient l'assurance.
Je pars au même instant; je vole vers la France.
Vous ferai-je l'aveu des transports d'un amant?
Du projet insensé de trahir mon serment?
Déserteur de l'autel et chevalier perfide,
Je prétendais encore au cœur d'Adélaïde;
Tout servait à-la-fois et secondait mes vœux.
Je vois les Templiers proscrits et malheureux:
Un généreux remords a ranimé mon zèle;
Au jour de leurs revers, je leur serai fidèle,
Et je ferai céder, malgré mon désespoir,
L'amour à la vertu, le bonheur au devoir.

LA REINE.

Le ciel vous destinait à servir l'innocence :
Des Templiers proscrits vous prendrez la défense ;
Vous les assisterez dans leur pressant danger ;
Je les crois innocents, j'ose les protéger.

MARIGNI.

Quoi! vous-même!... Pour moi quel exemple sublime!

LA REINE.

Je me range toujours du parti qu'on opprime.
Vous me seconderez; mais, prudemment discret,
Jurez-moi de garder votre fatal secret.
Je l'exige de vous. Dans peu d'instants peut-être,
Tous seront dans les fers, et même le grand-maître.
On connaît leur courage, on craint leur désespoir,
Et de les arrêter on vous fait un devoir.
Obéissez.

MARIGNI.

Qui? moi !

LA REINE.

Votre père a d'avance
Annoncé votre zèle et votre obéissance.

MARIGNI.

Mon père vainement s'est engagé pour moi ;
Mes refus braveraient et mon père et le roi.

LA REINE.

Vous livrez ces proscrits à la haine implacable !
Prévoyez leur malheur.

MARIGNI.

Qu'un autre en soit coupable.

LA REINE.

Moi, qui veux les sauver, je tremble, je frémis,
S'ils sont abandonnés à leurs vils ennemis.
Quand l'envie et la haine accablent l'innocence,
Lui refuserez-vous votre noble assistance?
Ah! combien j'applaudis ces mortels généreux
Qui, redoublant de zèle en des temps malheureux,
Des rigueurs de la loi ministres magnanimes,
Sans trahir le pouvoir, consolent ses victimes!

MARIGNI.

A ces infortunés je promets mon secours;
Je puis, je dois pour eux sacrifier mes jours;
Mais que des oppresseurs je paraisse complice!...
Non, vous n'exigez pas ce cruel sacrifice.

LA REINE.

C'est l'unique moyen de veiller sur leur sort:
Pensez que d'autres mains les livrent à la mort.
Ils connaîtront par vous que je prends leur défense:
Faites dans leur prison descendre l'espérance.
Vous seul pouvez servir les desseins généreux
Que le zèle et l'honneur m'inspireront pour eux.
Je ne m'explique point. Cédez, je vous l'ordonne.
S'il faut que leur prière arrive jusqu'au trône,
C'est vous (quel noble emploi digne de votre cœur!),
C'est vous qui plaiderez la cause du malheur.
A détromper le roi moi-même je m'engage,
Et, dans ce grand revers, j'exige un grand courage.
Des mortels généreux vous craignez le mépris?
Leur estime est sacrée, et j'en connais le prix;
Mais, pour faire le bien, hasarder cette estime,

C'est de notre vertu le dévoûment sublime.
Promettez, il le faut; servez des malheureux.

MARIGNI.

Je cède à mon destin qui m'entraîne auprès d'eux.
Hélas! pour secourir l'innocence opprimée,
Donnons plus que mon sang, donnons ma renommée;
Sacrifice fatal!... Vous l'exigez de moi!
Je promets d'obéir.

LA REINE.

On m'annonce le roi:
Allez.

SCÈNE IV.

LA REINE, SEULE.

Ah! désarmons sa rigueur politique.
Je crois servir sa gloire et la gloire publique.

SCÈNE V.

LE ROI, LA REINE.

LA REINE.

Sire, de votre hymen quand j'acceptai l'honneur,
Je voulus, j'espérai mériter mon bonheur.
Intrépide à venger les droits du diadême,
Contre des revoltés je combattis moi-même;
Unie à vos travaux, je les secondai tous,
Et mon zèle souvent parut digne de vous.

J'obtins des droits sacrés à votre confiance :
Je veillais avec vous au bonheur de la France ;
Vous appeliez sur moi l'amour de vos sujets,
Et toujours ma présence annonçait vos bienfaits.
Quel changement subit ! qu'il m'afflige et m'étonne !
Quand la foudre en grondant vole du haut du trône,
Quand ses coups imprévus jettent dans le malheur
Des guerriers qu'illustraient le rang et la valeur,
Lorsqu'on les abandonne aux complots de la haine,
Quoi ! la douleur publique en avertit la reine !
Quoi ! Sire, vos projets se cachent devant moi !
Je me plains à l'époux du silence du roi.
Du moins, contre l'erreur de la toute-puissance
Ne puis-je réclamer les droits de l'innocence ?
Si je prends le parti de tant de malheureux,
C'est pour vous que j'agis encor plus que pour eux.
Pardonnez à mon zèle : oui, Sire, j'ose croire
Que votre erreur du moins peut servir votre gloire :
Reconnaître et sur-tout réparer son erreur,
C'est être plus que roi, c'est régner sur son cœur.

LE ROI.

Il est de mon bonheur, de celui de la France
Que je conserve en vous la même confiance ;
Mais vous n'ignorez pas qu'un seul jour quelquefois
A décidé du sort des trônes et des rois.
L'instant était venu qu'un Ordre redoutable
Ne pouvait désormais que se rendre coupable,
Si par ma politique il n'était abattu ;
J'ai craint votre pitié, même votre vertu.
Ma rigueur nécessaire, et dès-lors légitime,

De guerriers trop puissants a prévenu le crime.
Riches, armés, nombreux, j'ai frémi de songer
Qu'ils n'avaient qu'à vouloir pour nous mettre en danger,
Et j'ai sauvé l'État. Vous dites et je pense
Que l'on ose blâmer ma sévère prudence ;
Mais en un grand dessein sommes-nous engagés,
Nous devons du moment braver les préjugés :
Peut-être c'est des rois le plus rare courage.
Quand j'ai voulu du peuple admettre le suffrage,
Si j'avais écouté les grands et les prélats,
Aurait-il obtenu son rang dans les États ?
L'ignorez-vous ? Il faut que notre politique
Devance quelquefois l'opinion publique.
Quand le peuple, avec crainte observant nos projets,
Ne voit que des périls, un roi voit les succès.

LA REINE.

Quoi ! dans ces chevaliers vous redoutez le crime ?
Mais toujours le grand-maître eut droit à votre estime :
Avec zèle pour vous n'a-t-il pas combattu ?
Vos bienfaits ont sur-tout honoré sa vertu.

LE ROI.

J'avoûrai que long-temps j'ai vu, dans le grand-maître,
Un ami dévoué, digne de moi peut-être ;
Mais, depuis qu'il s'oppose au bonheur de l'État,
Je ne vois qu'un sujet et qu'un sujet ingrat.
Je devais à mon peuple, à ma cour, à moi-même,
De venger, de sauver les droits du rang suprême.

LA REINE.

Avec trop de rigueur si vous vengiez nos droits,
Le peuple, qui souvent ose blâmer ses rois,

Et de la politique ignore les maximes,
Prendrait tous ces guerriers pour d'illustres victimes :
Ce peuple, qui les vit glorieux et puissants,
Les voyant opprimés, les croirait innocents.

LE ROI.

Mais j'invoque contre eux ces armes redoutables
Qui, du haut des autels, menacent les coupables ;
Ce juge dont chacun respecte les arrêts.
On dit que ces guerriers, dans leurs rites secrets,
Blasphêment l'Éternel, souillent le sanctuaire :
Ces crimes publiés indignent le vulgaire ;
Il demande, il attend que le glaive sacré
Punisse promptement cet outrage avéré.
L'inquisiteur agit, et je les abandonne ;
Il croit venger l'autel, il vengera le trône :
Et le peuple et les grands béniront dans leur roi
L'auguste protecteur du culte et de la foi.

LA REINE.

L'inquisiteur ! Qu'entends-je ? Ah ! quand notre courage
Du Vatican altier faisait taire l'outrage,
L'inquisiteur traitait nos succès d'attentats ;
Il prêche le pardon, mais ne pardonne pas.
Voulez-vous honorer et le trône et la France ?
De ces inquisiteurs détruisez la puissance ;
C'est aux yeux de son siècle, aux yeux de l'avenir,
L'un des plus beaux succès qu'un roi puisse obtenir.
S'il faut des Templiers examiner les crimes,
Donnons aux accusés des juges légitimes :
Qu'un Français ait toujours pour juges des Français.
Ces guerriers ont commis des attentats secrets,

Dit-on. Sous ce prétexte, on les traite en coupables,
Eux dont les faits publics sont tous irréprochables.
D'un tribunal cruel suspendez les rigueurs :
Sire, permettez-moi de vous gagner des cœurs ;
Je réponds du grand-maître. Ah ! que le roi pardonne
Un refus dont l'orgueil blesse l'honneur du trône :
Ces guerriers, tout-à-coup accablés du malheur,
N'ont pas assez contraint le cri de leur douleur.
Daignez me confier le droit de la clémence,
Sire, et je garantis leur prompte obéissance.

LE ROI.

Ah ! puissiez-vous bientôt, comme vous m'en flattez,
Abaisser leur orgueil devant mes volontés !
Vous acquerrez un titre à la reconnaissance
De l'époux, du monarque et de toute la France.

SCÈNE VI.

LE ROI, LA REINE, LE CONNÉTABLE.

LE CONNÉTABLE.

Sire, le peuple, armé par de vils factieux,
Sort des murs de Paris et marche vers ces lieux ;
Je ne vous tairai point que la foule coupable
A ses cris de fureur mêle un nom respectable,
Du grand-maître et des siens déplore le danger,
Et prétend les défendre, ou même les venger.
Sire, pour réprimer cette audace rebelle,
J'ai disposé soudain une troupe fidèle.
Quel ordre donnez-vous ?

LE ROI.
     Quel ordre? Suivez-moi.
Bientôt ces factieux rencontreront leur roi.
  (A la reine.)
Je laisse un libre cours aux mesures sévères
Que nos propres périls rendent trop nécessaires.
J'ai chargé Marigni d'un devoir important;
Il s'en acquittera. Le tribunal attend.
S'il prononçait.... Le roi peut toujours faire grâce.
Mais quand des factieux ont la coupable audace
De juger mes projets et de les condamner,
Je veux, et je dois vaincre avant de pardonner.
  (Au Connétable.)
Marchons.

SCÈNE VII.

LA REINE, SEULE.

  Des chevaliers la superbe vaillance
N'a fait contre le prince aucune résistance.
Et l'on s'arme pour eux! De ces infortunés
La gloire et le malheur sont ainsi profanés!
Ah! je démêlerai quelle intrigue fatale
A de cette révolte excité le scandale.
Le ministre... Mais loin de me décourager,
J'aurai toujours un zèle égal à leur danger.

FIN DU SECOND ACTE.

ACTE TROISIÈME.

SCÈNE I.

LE GRAND-MAITRE, LAIGNEVILLE, MONT-MORENCI, DIVERS TEMPLIERS.

LE GRAND-MAITRE.

Pour la dernière fois, vous entendez peut-être
Celui que devant Dieu vous choisîtes pour maître;
Nous qui, nés et vieillis au milieu des combats,
Pouvons de l'Éternel nous dire les soldats,
Qui portions dans nos mains les foudres de la guerre,
Dieu nous livre aux fureurs des princes de la terre.
Oui, notre heure s'approche; amis, soumettez-vous;
Fléchissons sous le bras qui s'arme contre nous.
Quand la vertu subit la peine due au crime,
Du sage et du chrétien c'est l'épreuve sublime.
D'un funeste revers nous sommes menacés;
Mais, si notre vertu nous reste, c'est assez.
Supportons noblement cette cruelle injure :
Je vous défends à tous jusqu'au moindre murmure;
Et vous m'obéirez. C'est en vain que les rois
Croiraient anéantir nos titres et nos droits :
Ils ne pourront jamais, dans leur toute-puissance,

Me ravir votre zèle et votre obéissance;
Ils briseraient en vain le joug religieux :
Nos serments éternels sont écrits dans les cieux.
Dieu nous éprouve : eh bien! armons-nous de courage;
C'est à notre constance à braver cet orage;
Au milieu des dangers, j'espère vous offrir
La noble fermeté, l'exemple de souffrir;
Mais si, dans ces dangers, la force du grand-maître
Cessait d'être un instant tout ce qu'elle doit être;
Oui, si vous me voyez chancelant, abattu,
Ne prenez plus conseil que de votre vertu;
Résistez, s'il le faut, à mes ordres suprêmes;
Je vous rends vos serments, soyez grands par vous-mêmes :
Vous me le promettez.

LAIGNEVILLE.

Qui pourrait se flatter
D'être digne de vous et de vous imiter?
O mon père! la foi que nous avons jurée,
Au jour de nos malheurs nous devient plus sacrée :
Obéir en silence est un premier devoir;
Tout vous sera soumis, même le désespoir.

LE GRAND-MAITRE.

O dignes chevaliers !

MONTMORENCI.

Ils obtiendront peut-être
La gloire de marcher sur les pas du grand-maître :
Comptez sur leur constance et leur fidélité;
Tous pensent comme moi.

LE GRAND-MAITRE.

Je n'en ai pas douté :

3

J'ai souvent éprouvé leur dévoûment sublime ;
Eux-mêmes jugeront combien je les estime.
Je croirais offenser l'honneur et l'amitié,
Si, par les vains égards d'une fausse pitié,
Je taisais plus long-temps à des cœurs magnanimes
Que de nos oppresseurs nous serons les victimes.
J'accuse le pontife et l'accuse à regret ;
Mais je dois révéler un terrible secret.
Je refusais de croire à ce traité coupable ;
Nos malheurs prouveront qu'il était véritable.
La mort avait frappé le pontife romain ;
Le choix d'un successeur fut long-temps incertain :
Clément fut préféré. Mais cet honneur suprême,
Il ne le dut qu'aux soins de Philippe lui-même.
A ses soins protecteurs le roi mettait un prix ;
L'Ordre et les chevaliers devaient être proscrits.
Clément, trop ébloui de la triple couronne,
Nous livra sans retour aux vengeances du trône.
Résignons-nous.

LAIGNEVILLE.

Quel sort !...

LE GRAND-MAITRE.

J'ai dû vous l'annoncer.

D'où vient le sombre effroi qui semble vous glacer ?
C'est peu qu'un grand péril menace notre vie ;
Qui sait si l'échafaud ?...

MONTMORENCI.

Ciel ! quelle ignominie !

LAIGNEVILLE.

Idée affreuse ! hélas ! je ne puis la souffrir.

LE GRAND-MAITRE.

Et que sera-ce donc quand il faudra mourir?.

LAIGNEVILLE.

Mais, avant de subir la honte du supplice,
N'avons-nous pas le droit d'attaquer l'injustice?

MONTMORENCI.

Nos parents, nos amis peuvent armer leur bras :
Osons....

LE GRAND-MAITRE.

La vertu souffre et ne conspire pas.
Est-ce à nous d'attaquer un pouvoir légitime?
Une révolte! nous! que ferait donc le crime?
Sans honte et sans terreur subissons notre sort.
Que l'horreur du supplice illustre notre mort!
Il restera de nous une auguste mémoire,
Et la postérité vengera notre gloire.
Mais on vient : renfermez ce trouble et cet effroi.

SCÈNE II.

LE GRAND-MAITRE, LAIGNEVILLE, MONT-
MORENCI, MARIGNI FILS, DIVERS TEMPLIERS,
SOLDATS.

MARIGNI.

Chargé d'exécuter les volontés du roi,
Je m'acquitte à regret de ce devoir pénible;
Croyez qu'à vos malheurs, hélas! je suis sensible.

LE GRAND-MAITRE.

Eh! quoi, sur nos malheurs on daigne s'attendrir?

3.

Osez les annoncer ; nous saurons les souffrir.
Exécutez soudain les ordres qu'on vous donne ;
Et croyez que mon cœur vous plaint et vous pardonne.
Qu'exigez-vous enfin de tous ces chevaliers ?

MARIGNI.

(*A part.*)   (*Haut.*)
Je frémis de le dire.... Ils sont mes prisonniers.

LE GRAND-MAITRE.

Forts de notre courage et de notre innocence,
Nous avons quelque droit de faire résistance.
Peut-être savez-vous par quels nobles exploits
Nous avons honoré l'étendard de la Croix ;
Eh bien ! entre vos mains chacun de nous se livre ;
Chacun de nous est prêt et consent à vous suivre.

    (*Ils rendent leurs épées ; les soldats les reçoivent*
        et se retirent au fond du théâtre.

Mais ne nous cachez rien, annoncez notre sort ;
Quel est-il ? la prison, l'exil, les fers, la mort ?
Nous vous obéirons.

MARIGNI.

O vertu que j'admire !

LE GRAND-MAITRE.

N'admirez que le ciel, c'est lui qui nous l'inspire.

MARIGNI.

Ah ! combien je vous plains !

LE GRAND-MAITRE.

Plaignez ces courtisans

Qui, de tous nos revers coupables artisans,
Ont armé contre nous le courroux de leur maître :
Ils seront malheureux, ils méritent de l'être.

MARIGNI.

Croyez que vos amis détromperont le roi.

LE GRAND-MAITRE.

Je ne l'espère pas. Et qui l'oserait?

MARIGNI.

Moi.

Aux volontés du roi je dois l'obéissance;
Mais j'ose devant lui secourir l'innocence.
Soyez sûrs que ma voix vous défendra toujours :
Ah! puissé-je sauver votre gloire et vos jours!

LE GRAND-MAITRE.

Mais à qui devons-nous tant de reconnaissance?
Qui daigne en cet instant prendre notre défense?
Nommez.....

MARIGNI.

Je suis le fils du ministre du roi,
Marigni.

LE GRAND-MAITRE, *avec surprise et ensuite avec retenue.*

Marigni!... C'est vous-même!

MARIGNI.

Mais quoi!

Vos yeux....

LE GRAND-MAITRE.

De notre sort hâtez-vous de m'instruire.

MARIGNI.

Aux prisons du palais je devais vous conduire.

LE GRAND-MAITRE.

Vous direz donc au roi, qui nous charge de fers,
Que, loin de résister, nous nous sommes offerts.
On peut dans les prisons entraîner l'innocence;

Mais l'homme généreux, armé de sa constance,
Sous le poids de ses fers n'est jamais abattu :
S'ils pèsent sur le crime, ils parent la vertu.
Où sont nos fers, nos fers?

MARIGNI, à part.

> Quelle honte m'accable !

LE GRAND-MAITRE.

Remplissez ce devoir.

MARIGNI.

> Je serais trop coupable.

LE GRAND-MAITRE.

Vous désobéissez aux volontés du roi !

MARIGNI.

Je cesse d'obéir ; c'est un devoir pour moi.

LE GRAND-MAITRE.

Vous qui le connaissez, redoutez donc sa haine.

MARIGNI.

Ah ! c'est trop le servir ; votre mort est certaine.

LE GRAND-MAITRE.

Obéissez toujours. Non, nous n'espérons pas
Désarmer l'injustice, échapper au trépas ;
Quand l'Ordre est opprimé, qu'importe notre vie ?
Quand nous trouvons par-tout l'affreuse calomnie,
Si l'échafaud est prêt, c'est à nous d'y courir.
Que tout Templier meure, et soit fier de mourir !

MARIGNI.

Que tout Templier meure !

LE GRAND-MAITRE.

> Oui, je le dis encore :

Qui désire échapper, déja se déshonore ;

Il est lâche, perfide ; il trahit la vertu.
En vain, jusqu'à ce jour, il aurait combattu ;
En vain on citerait son nom et sa victoire ;
Ce n'est plus qu'en mourant qu'il conserve sa gloire ;
Oui, qu'il coure avec joie au-devant de son sort :
Que tout Templier meure, et soit fier de sa mort !

MARIGNI.

Quoi ! si vous surviviez, vous vous croiriez coupables !
Quoi ! la vertu, l'honneur, la gloire, inexorables,
Exigeraient de tous un noble dévoûment !
Eh bien ! en ce péril, en ce fatal moment,
Si de tout chevalier c'est le devoir austère,
Il ne m'est plus permis d'hésiter, de me taire.
Il est, dans cette cour, un Templier caché,
Déserteur de vos lois, mais de vos maux touché,
Qui, déplorant toujours son erreur criminelle,
Par ses regrets du moins vous est resté fidèle :
Ce Templier, il faut que je le nomme.

LE GRAND-MAITRE.

                                    Non.
Gardez-vous devant moi de prononcer son nom.
Ah ! s'il eut envers nous des torts, je les pardonne ;
Je lui permets de vivre après nous, je l'ordonne.

MARIGNI.

Lui ! vous survivre !

LE GRAND-MAITRE.

                    Il sait, du moins il doit savoir
Qu'obéir au grand-maître est encore un devoir.
Écoutez ; portez-lui ma volonté suprême.
Si mes accents pouvaient s'adresser à lui-même,

S'il était devant nous, et s'il venait s'offrir
Pour réclamer de moi la gloire de mourir,
Mon cœur lui répondrait : «O mon fils, j'aime à croire
« Que vous partageriez notre sainte victoire :
« De votre dévoûment ce serait abuser ;
« Vous deviez vous offrir, je dois vous refuser.
« Vivez, portez encor le fardeau de la vie ;
« Défendez notre gloire, oui, je vous la confie.
« Vivez...... »

MARIGNI.

Ah! Dieu...

LE GRAND-MAITRE.

Le ciel approuvera mes soins ;
Pour nos persécuteurs, c'est un crime de moins.
Toi qui lis dans nos cœurs, juge auguste et suprême !
Ma prière et mes vœux se taisent pour moi-même.
Que les hommes en moi frappent un innocent,
Blessent ma renommée et répandent mon sang ;
Soumis et résigné, je me tais et j'adore :
Mais pour mes chevaliers permets que je t'implore.
Quand du joug musulman nous eûmes délivré
Le Jourdain, l'Idumée et le tombeau sacré,
Dans ce jour de bonheur où de la cité sainte
La prière et l'encens purifiaient l'enceinte ;
Quand les murs consolés de l'antique Sion
Répondaient à nos chants consacrés de ton nom,
Et qu'au pied de l'autel où repose ta gloire,
Ces modestes guerriers prosternaient leur victoire,
Je n'ai point demandé le prix de leur vertu :
Pour ta loi, pour ton nom nous avions combattu ;

C'était assez pour nous. Aujourd'hui ma prière
Ose te demander une grace dernière:
Que je périsse seul; qu'ils vivent après moi;
J'espère qu'ils vivront toujours dignes de toi;
Oui, je m'offre pour tous; accepte la victime.

LAIGNEVILLE.
Grand Dieu! n'accepte pas ce dévoûment sublime!

MONTMORENCI.
Nous suivrons votre sort.

LAIGNEVILLE.
Oui, nous l'avons juré.

MONTMORENCI.
C'est pour nous un devoir, et c'est un droit sacré.

SCÈNE III.

LE GRAND-MAITRE, LAIGNEVILLE, MONT-MORENCI, LE MINISTRE, MARIGNI FILS, DIVERS TEMPLIERS, SUITE.

LE MINISTRE.
Approchez, hâtez-vous d'arrêter ces coupables;
Un nouvel attentat nous rend inexorables:
Le temps presse. De fers qu'ils soient soudain chargés;
Dans le fond des cachots qu'ils soient soudain plongés;
Qu'à veiller autour d'eux cette troupe s'apprête.
Soldats! chacun de vous en répond sur sa tête.

(*Les soldats s'approchent et leur donnent des fers.*)

LE GRAND-MAITRE.
D'appesantir nos fers épargnez-vous le soin.

De gardes, de cachots vous n'auriez pas besoin :
Qu'on saisisse nos biens, ou qu'on nous emprisonne,
Nul de nous ne défend ses biens, ni sa personne.
Soldats de la loi sainte, elle enseigne à nos cœurs
A respecter les rois, même dans leurs erreurs ;
Nous ne résistons pas. La fortune, la vie,
On peut les immoler au prince, à la patrie ;
Mais il est des devoirs, il est même des droits
Que Dieu ne permet pas d'immoler à des rois.

LE MINISTRE.

Quoi ! vous vous soumettez au prince !... et des rebelles
Prennent pour vous venger des armes criminelles !
La présence du roi ne les arrête pas ;
Autour de ce palais ils bravent nos soldats.
Leur cri de rallîment, c'est le nom du grand-maître ;
En ce moment fatal, le sang coule peut-être ;
Aux volontés du roi vous vous dites soumis !
Et voilà cependant ce qu'osent vos amis !

LE GRAND-MAITRE.

Nos amis ! c'est ainsi qu'on nomme des rebelles !
Nous n'avons pour amis que des Français fidèles.
Forts pour vous résister, si l'honneur l'eût permis,
Nous aurions dédaigné d'assembler nos amis ;
Et peut-être qu'au nombre opposant la vaillance,
Nous aurions pu suffire à cette résistance ;
Nous aurions su mourir : comment supposez-vous
Que de vils factieux soient excités par nous ?
Qui sont-ils ? Avec eux que le roi nous confronte ;
Sur d'autres que sur nous retomberait la honte.
Tous ceux qui prennent part à ce soulèvement,

Nous les désavoûrons par-tout et hautement.
Voulez-vous dissiper ces perfides alarmes?
Rendez-nous un instant, oui, rendez-nous nos armes :
Le sang des factieux, soudain exterminés,
Détrompera le roi qui nous a soupçonnés ;
Si le monarque au moins nous fait l'honneur de croire
Que nous respecterons aussi notre victoire.
Vainqueurs, nous reprendrons nos fers, je le promets,
Oui, foi de chevalier, de chevalier français.

(*Tous imitent le serment du grand-maître.*)

MARIGNI.

Mon père, soyez sûr qu'ils tiendraient leur promesse.

LE MINISTRE.

Je ne puis qu'obéir au roi ; le péril presse :
Vous, mon fils, armez-vous et suivez-moi soudain.

LE GRAND-MAITRE, *regardant Marigni fils.*

Du moins il peut mourir les armes à la main !

(*Les soldats emmènent les Templiers.*)

SCÈNE IV.

LE MINISTRE, MARIGNI FILS.

MARIGNI.

Vous avez entendu ces guerriers respectables :
Mon père, croyez-vous encor qu'ils soient coupables?

LE MINISTRE.

C'est à l'inquisiteur, mon fils, à le juger.

MARIGNI.

Pardonnez-moi pourtant de vous interroger ;

Mon devoir....

LE MINISTRE.

Est d'agir et sur-tout de vous taire.

MARIGNI.

Vous m'en faites la loi ; je me tairai, mon père.

LE MINISTRE.

Venez, cherchons l'honneur de venger notre roi.

MARIGNI.

Oui, je cours au danger, c'est un besoin pour moi.

FIN DU TROISIÈME ACTE.

ACTE QUATRIÈME.

———

SCÈNE I.

LA REINE, LE CONNÉTABLE.

LE CONNÉTABLE.

De ces vils factieux la coupable insolence
N'a pas même tenté la moindre résistance;
Et, cédant au respect et sur-tout à l'effroi,
Ils sont tombés soudain aux genoux de leur roi.
Pour le prince et pour nous quelle heureuse victoire!
Un succès moins rapide aurait été sans gloire.

LA REINE.

Et le grand-maître est-il lavé de tout soupçon?
Sait-on que la révolte abusait de son nom?

LE CONNÉTABLE.

La cour connaît enfin qu'il n'était pas complice;
Le roi même lui rend une entière justice.
Et le fils du ministre et d'autres avec moi,
Au nom des chevaliers, ont supplié le roi;
Nous avons obtenu qu'admis en sa présence
Le chef des Templiers propose leur défense.

LA REINE.

Le roi daigne l'entendre!

LE CONNÉTABLE.

Oui, l'entendre à l'instant.

J'ai sur-tout reconnu qu'il était important
De voir l'inquisiteur et d'apaiser sa haine ;
J'ai cru me conformer au désir de la reine.
Je l'ai vu.

LA REINE.

Que dit-il ?

LE CONNÉTABLE.

J'ai peine à concevoir
Que d'être impitoyable on se fasse un devoir.
Sans cesse il m'a parlé d'hérésie et de crimes ;
Dans tous les accusés il cherche des victimes.
« Si les nombreux guerriers, captifs dans ce palais,
« Refusent, disait-il, l'aveu de leurs forfaits,
« Les autres chevaliers, arrêtés dans la France,
« Ne m'opposeront pas la même résistance. »
Quoi ! lorsque autour de nous des prêtres révérés,
Entre l'homme et le ciel médiateurs sacrés,
Offrent dans leurs vertus, dans leur bonté touchante,
Du Dieu qu'il font chérir l'image consolante ;
L'altier inquisiteur, qui s'élève en un jour
Des intrigues du cloître aux honneurs de la cour,
Se présente toujours prêt à lancer la foudre !
On craint de condamner, et lui frémit d'absoudre.
Il m'écoutait d'un air distrait et menaçant ;
Il peut faire le mal, il se croit tout-puissant.

LA REINE.

Et savez-vous pourquoi sa funeste colère
En secret, en public, se montre si sévère ?
Loin des yeux du grand-maître, il avait devant lui
Mandé les chevaliers, privés d'un tel appui.

Croyant les effrayer, espérant les surprendre :
« Votre Ordre est accusé ; qui prétend le défendre ? »
Il leur parlait encor. Par un seul mouvement
Tous ont levé la main, présenté leur serment.
L'inquisiteur réplique à ce noble silence :
« Votre Ordre est accusé, prenez-vous sa défense ? »
Ils répondent soudain : « En tout temps — en tout lieu —
« Nous le devons à l'Ordre — à nous-mêmes — à Dieu. —
« Jusqu'à la mort. » Ce juge aussitôt les menace
De punir ce qu'il nomme une coupable audace :
Il parle de torture ; ils ne s'étonnent pas.
Résignés au malheur, aux tourments, au trépas,
Ils attendent. Le ciel doit à leur innocence
D'égaler aux périls leur sublime constance.

SCÈNE II.

LE ROI, LA REINE, LE CONNÉTABLE, LE MINISTRE.

LE ROI, *à la reine.*

Vainqueur des factieux, je n'ai plus refusé
D'accorder audience au grand-maître accusé.
C'est de cet entretien que dépendra peut-être
Le sort des chevaliers et celui du grand-maître.
On l'amène ; c'est lui.

SCÈNE III.

LE ROI, LA REINE, LE CONNÉTABLE,
LE MINISTRE, LE GRAND-MAITRE,
MARIGNI fils, templiers, suite.

LE ROI, *au grand-maître.*
                    Si je n'eusse écouté
Que les droits de mon rang et de ma dignité,
Un sujet, dont l'orgueil brave notre puissance,
N'eût jamais obtenu l'honneur de ma présence;
Mais je joins cette grace à mes autres bienfaits.
Vous et vos chevaliers, redevenez Français :
Ce que l'Ordre a perdu, n'hésitez pas de croire
Que je puis le payer d'un échange de gloire.

LE GRAND-MAITRE.
Sire, nos chevaliers vous avaient constamment,
Par leur fidélité, prouvé leur dévoûment;
S'il suffit qu'aujourd'hui chacun d'eux sacrifie
Son bonheur, son espoir, sa fortune, sa vie,
J'en atteste l'honneur et Dieu; chacun de nous
Est prêt à s'immoler pour la France et pour vous.
Je ne conteste pas, Sire, que nos richesses,
Des rois, des grands, du peuple honorables largesses,
N'étaient, entre nos mains, qu'un dépôt révéré,
Et qu'un monarque a droit d'en user à son gré.
L'utilité publique est la loi souveraine :
L'homme donna ces biens, que l'homme les reprenne.
Quant au zèle à vous suivre au milieu des combats,
Je dirai hardiment que vous n'en doutez pas :

Notre sang a payé la gloire de la France.
Lorsqu'aux plaines de Mons vous portiez la vengeance,
J'eus l'honneur de combattre à côté de mon roi.
Il daigna distinguer mes chevaliers et moi :
Vous en vîtes plusieurs, ardents à vous défendre,
Prodigues de leur sang, heureux de le répandre,
Succomber avec gloire en repoussant les coups
Que le glaive ennemi dirigeait jusqu'à vous.
Pour leur roi, pour leur maître ils donnèrent leur vie.
Témoins de leurs hauts faits, nous leur portions envie;
Chacun de nous, voyant le péril sans effroi,
Croyait servir son Dieu, quand il vengeait son roi.
De tous les chevaliers telles sont les maximes :
C'est la religion qui les rend magnanimes.
Deux nobles sentiments assuraient leurs succès,
Le zèle du chrétien, la valeur du Français.
Interrogez leur sang; oui, Sire, il fume encore :
Et c'est nous que la haine accuse et déshonore!
Français, nous vous offrons notre vie et nos biens;
Laissez-nous nos devoirs de chevaliers chrétiens.
Sire, vous m'entendez : ce Dieu, ce roi suprême
Qui règne dans les cieux, et règne sur vous-même,
Accepta de nos cœurs le serment solennel.
Nous nous sommes voués à servir l'Éternel;
La France le permit : nulle puissance humaine
De ces vœux révérés ne peut briser la chaîne.
La patrie et l'autel y gagnent à-la-fois;
Et fidèles à Dieu, nous le sommes aux rois.
Sire, quand on ne peut combattre ces maximes,
Pour détruire notre Ordre, on suppose des crimes.

Nous avons comparu devant l'inquisiteur :
En vain il affectait l'orgueil et la hauteur ;
Il paraissait honteux de nous dire coupables.
Qu'il choisisse, du moins, des crimes vraisemblables :
Nous, insulter la Croix ! renier Dieu ! Qui ? Nous ?
Ces blasphêmes affreux, Sire, les croyez-vous ?
A la religion notre Ordre est infidèle,
Dit-il ; mais nous vivons et nous mourons pour elle.
L'hypocrite ose-t-il affronter le trépas ?
Il ment, trompe, séduit ; mais, Sire, il ne meurt pas.
D'autres crimes encore on nous prétend coupables ;
On accuse les mœurs de guerriers honorables :
Il est de vils forfaits qu'il suffit de nier,
Et la honte serait de s'en justifier.
Sire, permettez-moi, pardonnez-moi de croire
Que notre Ordre à vos yeux a conservé sa gloire :
Oui, nous sommes toujours ces chevaliers français
Qu'honorait votre estime et dotaient vos bienfaits ;
Et qui, dans tous les temps, consacreront leur vie
A servir Dieu, leur roi, l'honneur et la patrie.

LE ROI.

De tous vos chevaliers je connais les hauts-faits ;
Mais ont-ils surpassé ceux des guerriers français ?
Ces guerriers à leurs fils transmettent d'âge en âge
Le dépôt de l'honneur, l'exemple du courage.
Tous avec dévoûment ont toujours combattu ;
Ce sont d'autres soldats, c'est la même vertu.
Quand mes propres exploits assuraient la victoire,
Vous marchiez dans nos rangs, et ce fut votre gloire :
Guerriers, il fallait vaincre, et sujets, obéir.

Mais tel combat pour nous, qui songe à nous trahir.
De vos justes revers n'accusez que vous-mêmes :
Vous bravez hautement mes volontés suprêmes ;
Et puisque vos refus ont insulté mes droits,
Ma cause est désormais celle de tous les rois.
Nul Ordre, j'en conviens, guerrier ou monastique,
N'avait subi les lois de notre politique :
A différents devoirs tour-à-tour consacrés,
Tous étaient par l'État sagement tolérés.
Vous naquîtes Français, et quand votre vaillance
Du temple et de Sion promit la délivrance,
Vos serments pouvaient-ils vous soustraire jamais
Aux devoirs qu'imposait le titre de sujets ?
Un prince eût défendu, sans doute avec justice,
Que l'Ordre commençât ; j'ordonne qu'il finisse ;
Tels sont mes droits : par vous seront-ils respectés ?

LE GRAND-MAITRE.

Nous sommes dans les fers : quels seraient nos traités ?

LE ROI.

D'obéir. Un refus vous serait trop funeste.

LE GRAND-MAITRE.

Le droit de refuser est tout ce qui nous reste ;
Et Dieu ne permet pas d'accepter que les rois
Nous détachent du joug de ses augustes lois.

LE MINISTRE.

Sire, mais Dieu permet, il vous ordonne même
De châtier l'audace et punir le blasphême ;
D'étouffer jusqu'au nom de cette impiété
Qui deviendra l'effroi de la postérité.
Oui, de l'inquisiteur le zèle infatigable

4.

Révèle les forfaits dont tout l'Ordre est coupable ;
Ils sont prouvés enfin par des témoins nombreux ;
De plusieurs chevaliers j'espère les aveux.

    (Au grand-maître.)

L'auguste tribunal est prêt à vous confondre.

LE ROI.

Contre tous ces témoins qu'aurez-vous à répondre ?

LE GRAND-MAITRE.

J'ai servi quarante ans et l'église et mon roi ;
Ma vie entière, Sire, a répondu pour moi.

MARIGNI.

Sire, je dois parler. Est-il permis de croire
Que tant de Templiers, jadis morts avec gloire,
Qui, pendant si long-temps, ont par leurs nobles faits
Relevé, maintenu l'honneur du nom français,
D'âge en âge pourtant aient consacré leur vie
A cette méprisable et vaine hypocrisie ?
Oui, ces mille héros, morts depuis quarante ans,
Furent tous criminels, ou tous sont innocents.
Ouvrez des chevaliers la liste glorieuse :
Les Villars, les Montfort, les Mailli, les Chevreuse,
Dampmartin et Clermont, Villeneuve et Couci,
Châtillon, Périgord, d'Estaing, Montmorenci,
De la gloire et des biens offraient l'heureux partage
Aux amis qu'illustraient le rang et le courage.
Ici, l'on admettait les seconds fils des grands ;
Là, des parents chéris appelaient leurs parents ;
Les frères dans cet Ordre introduisaient leurs frères,
Des pères leurs enfants et des enfants leurs pères.
Et pourquoi ? Pour former une société

De crimes, de forfaits, d'horreur, d'impiété?
Sire, ne croyez pas une telle imposture;
J'atteste l'amitié, j'atteste la nature:
Ces nobles sentiments impriment dans nos cœurs
Le respect des vertus et le respect des mœurs.
D'un frère, d'un ami qui veut perdre l'estime?
Qui pourrait devant eux ne pas rougir du crime?
Tout ce que j'avais dit, Sire, je le maintiens.
Ils sont vrais chevaliers, bons Français, vrais chrétiens;
Leur foi, leurs mœurs, en eux tout est irréprochable:
Les accuser, voilà le crime véritable.

LE MINISTRE.

Sire, et moi je dénonce, encor plus que jamais,
L'Ordre et les chevaliers, et leurs crimes secrets:
Tous méritent la mort; mon fils se déshonore,
Et je le punirai, s'il les défend encore;
S'il nie encor des faits que, de tous les côtés,
Mille et mille témoins nous avaient attestés.
Mieux que vous, mieux que moi, mon fils peut-il connaître
Et le secret de l'Ordre et celui du grand-maître?
Il nous dit, il prétend que tous sont vertueux:
Comment le prouve-t-il?

MARIGNI.

En mourant avec eux.
(*Il se jette aux genoux du grand-maître.*)
Oui, je suis Templier.

LE GRAND-MAITRE.

Je le savais.

LA REINE.

Ah Sire,

LE ROI.

Vous, Templier !

LE MINISTRE.

Qui ! toi, mon fils ! Qu'oses-tu dire ?

MARIGNI.

Sire, vous connaissez et mon zèle et ma foi ;
C'est à vous maintenant de juger d'eux par moi.

LE ROI, *au grand-maître.*

Vous taisiez son secret !

LE CONNÉTABLE.

Silence magnanime !

LE GRAND-MAITRE.

Je suppliais le ciel d'épargner la victime.

MARIGNI.

J'ai gardé mon secret tant qu'ils furent heureux ;
J'aurais dû me nommer quand vous m'armiez contre eux.
Alors qu'en votre nom j'ai demandé leurs armes,
Je leur portais des fers que je baignais de larmes ;
J'obéissais. Pour eux j'aurais donné mon sang :
Puisque je suis connu ; je vais prendre mon rang.
Souffrez que je vous fasse une seule prière :
Ah ! Sire, daignez plaindre et consoler mon père.

(*Au grand-maître.*)

Et vous, pardonnez-moi ces regrets et ces pleurs.

LE GRAND-MAITRE.

Éprouvé dès long-temps, vieilli par les malheurs,
Je contemple mon sort et l'attends sans alarmes ;
Mais pour le vôtre, hélas ! je retrouve des larmes.

LE ROI.

Qu'on les éloigne.

SCÈNE IV.

LE ROI, LA REINE, LE MINISTRE.

LE MINISTRE.
Sire, ah! voyez ma douleur.
LE ROI.
Relevez-vous. Je sais respecter le malheur.
Allez. Dans votre fils ils avaient un complice!
Faites que ses regrets désarment ma justice.

SCÈNE V.

LE ROI, LA REINE.

LA REINE.
A la voix du devoir céder si noblement!
La vertu seule inspire un pareil dévoûment.
Quoi! vous les livreriez à ce juge implacable
Qui force l'innocent à s'avouer coupable;
Qui se dit convaincu dès qu'il peut soupçonner,
Et commence à punir avant de condamner!
Les tourments, que son art et varie et prolonge,
Les forceraient peut-être au malheur du mensonge:
Devant lui l'accusé se trouble et se confond;
La torture interroge et la douleur répond.
Ah! j'implore pour eux votre bonté suprême.
LE ROI.
Vous voulez pardonner, et je le veux moi-même;
Mais, quand il faut prouver quels motifs rigoureux

Commandaient d'abolir cet Ordre dangereux ;
Quand les soins de ma gloire et de ma politique
Exigent d'éclairer l'opinion publique,
Un arrêt solennel du tribunal sacré
Pourrait-il sans péril être encor différé?
Contre les chevaliers s'il était trop sévère,
Pensez qu'à leur malheur je saurais les soustraire ;
Le juge convaincu doit toujours condamner :
Les rois sont plus heureux, ils peuvent pardonner.
Tout dépend de moi seul, oui, de moi seul, vous dis-je:
Le ministre m'attend, son désespoir m'afflige:
Mandons l'inquisiteur. Qu'ils choisissent entre eux
Les moyens de sauver ces guerriers malheureux :
Qu'on assure sur-tout ma gloire et ma puissance ;
Je m'en remets à vous du droit de la clémence.
Venez.

LA REINE.

Je m'en remets à votre propre cœur :
Il saura de la loi tempérer la rigueur ;
Et vous réunirez, par un accord auguste,
L'honneur de pardonner au devoir d'être juste.

FIN DU QUATRIÈME ACTE.

ACTE CINQUIÈME.

SCÈNE I.

MARIGNI fils, LAIGNEVILLE, MONTMORENCI,
TEMPLIERS.

MARIGNI.

Avec vous, chers amis, j'ai voulu partager
Du jugement fatal l'honorable danger.
J'ai rempli mon devoir; le ciel m'en récompense :
Déja toute la cour croit à notre innocence;
La reine, nos amis, d'illustres protecteurs
Ont imposé silence à nos accusateurs.
D'un pieux dévoûment ô précieux salaire!
Vos périls et les miens ont effrayé mon père.
Il cherche à réparer nos malheurs et ses torts;
Nous sommes protégés sur-tout par ses remords;
Pardonnez-lui : je sais combien ils sont sincères.
Que ne tente-t-il pas? discours, larmes, prières,
Et même, ce qu'un fils ne saurait approuver,
Il s'accuse lui-même, afin de nous sauver.
Pourvu que cet arrêt venge notre innocence,
Abandonnons nos biens au monarque, à la France;
Partons; le fer suffit à de braves soldats;
Jusqu'aux murs de Sion reportons les combats;

Et là, par de hauts faits rappelant la victoire,
Faisons-nous des trésors de vertus et de gloire ;
Vrais trésors que les rois, qui croyaient nous flétrir,
Pourront nous envier, mais non pas nous ravir.

LAIGNEVILLE.

O mon cher Marigni, quelle erreur vous abuse !
Quand de l'inquisiteur la haine nous accuse,
Qu'importe qu'à ses yeux nous soyons innocents ;
Que nous ayons pour nous des protecteurs puissants ?
Ce prêtre satisfait son orgueil et sa haine ;
Et, bravant nos amis, nos parents et la reine,
Il croit par ses refus affermir son pouvoir :
J'ai lu dans ses regards, et je n'ai plus d'espoir.

MARIGNI.

Vous n'avez plus d'espoir !.... vous en auriez peut-être
Si tantôt vous aviez entendu le grand-maître.
On nous reconduisait : de tous les chevaliers,
Le grand-maître et moi seul, nous restions les derniers.
Avant de prononcer la fatale sentence,
Les juges ont permis qu'il prît notre défense ;
Sans courroux, sans audace, et sans être abattu,
Avec la dignité qui sied à la vertu,
Il réfute aisément les lâches impostures
Qu'exhalent contre nous quelques bouches impures ;
Il prouve qu'en tous temps les vertus et l'honneur
Pouvaient seuls de notre Ordre assurer le bonheur.
« Nous sommes innocents, disait-il, nous le sommes ;
« Nous prenons à témoin Dieu, les rois et les hommes ;
« Contre nos oppresseurs nous aurons attesté
« Et le siècle présent et la postérité.

« Que le fer des bourreaux nous arrache la vie ;
« Qu'ils épuisent sur nous toute leur barbarie ;
« On n'entendra de nous que ces nobles accents :
« Nous sommes innocents, nous mourons innocents
« Que le feu des bûchers s'élance et nous dévore ;
« Au milieu des bûchers nous le dirons encore ;
« Et, peut-être, du fond des tombeaux gémissants,
« S'élèveront ces cris : nous étions innocents ! »
De nos juges alors la nombreuse assemblée
Paraît à nos regards interdite et troublée ;
S'ils hésitent d'absoudre, ils n'osent condamner :
On eût dit que sur eux ils entendaient tonner
Les accents éternels, la colère céleste ;
Quand notre illustre chef, toujours calme et modeste,
Daigne parler encore et les interroger.
Enchaîné devant eux, il semble les juger :
Telle est de la vertu l'autorité suprême.
Mais cependant on veut que je sorte moi-même :
Il reste seul. Amis, croyez qu'en cet instant
Notre innocence obtient un triomphe éclatant.

MONTMORENCI.

Vous ne savez donc pas quel péril nous menace ?
D'indignes Templiers ont obtenu leur grace.

MARIGNI.

Des Templiers !

MONTMORENCI.

Oui, ceux que non loin de Paris,
Au même instant que nous le même ordre a surpris :
Tandis que le grand-maître, avec tant d'éloquence,
Devant le tribunal prenait notre défense,

Eux-mêmes arrivaient : d'autres juges soudain
Les ont interrogés et menacés en vain.
L'honneur les soutenait.... D'abord de la torture
Leur constance a bravé les tourments et l'injure ;
Mais enfin ils ont fait des aveux mensongers
Dont la honte s'attache à nos propres dangers.

MARIGNI.

En êtes-vous certain ? Quoi ! cette ignominie
Flétrirait désormais notre honneur et leur vie ?

MONTMORENCI.

Pour prix de ces aveux ils sont en liberté :
Faut-il vous les nommer ?

MARIGNI.

Affreuse lâcheté !
Que le grand-maître... il vient... Quelle noble assurance !

SCÈNE II,

MARIGNI FILS, LAIGNEVILLE, MONTMORENCI, LE GRAND-MAITRE, TEMPLIERS.

MONTMORENCI.

Dites-nous notre sort,

LE GRAND-MAITRE.

Vous le saviez d'avance.

LAIGNEVILLE.

Quel que soit notre sort, vous nous trouverez tous
Préparés à souffrir, à mourir avec vous.
Mais enfin, quel est-il ? n'osez-vous nous le dire ?

MONTMORENCI.

L'horreur de l'échafaud?

LE GRAND-MAITRE.

La gloire du martyre.

Remercions le ciel qui nous l'accorde à tous.

Que le feu des bûchers s'allume autour de nous;

Que le fer de la mort s'agite sur nos têtes,

Je suis prêt; l'êtes-vous?... Oui, je vois que vous l'êtes.

Grand Dieu! je te bénis. Tu répands dans nos cœurs

Un courage plus grand encor que nos malheurs.

Tu veux que l'univers reçoive un saint exemple:

Ces soldats de la foi, ces défenseurs du temple,

Justement préférés, sont dignes de l'offrir

A ceux qui pour ton nom doivent un jour mourir.

O dignes chevaliers! amis, puisque la vie

Ou plus tôt ou plus tard doit nous être ravie,

Bénissons nos périls : c'est par eux qu'aujourd'hui

Dieu marque le chemin qui nous ramène à lui:

Mais quoi! dois-je affliger encor votre constance?

Outrageant l'honneur, l'Ordre, et leur propre innocence,

D'indignes chevaliers, par des aveux menteurs,

Ont servi les complots de nos accusateurs!

Malheureux! je les plains. Ils rachètent leur vie!

Et c'est par le mensonge et par l'ignominie :

Ils vivront!... dans le crime ou dans le repentir!

Amis! par notre mort il faut les démentir ;

Bravons de nos bourreaux la fureur criminelle :

Que nous enlèvent-ils? la dépouille mortelle.

Ils peuvent de nos jours éteindre le flambeau;

La vertu brille encore au-delà du tombeau.

Je sens qu'elle survit à notre heure suprême,
Pour l'immortalité, pour le ciel, pour Dieu même.
O consolant espoir! supplice glorieux!
Mes amis! l'échafaud nous rapproche des cieux.

SCÈNE III.

MARIGNI FILS, LAIGNEVILLE, MONTMORENCI,
LE GRAND-MAITRE, LE CONNÉTABLE, TEM-
PLIERS.

LE CONNÉTABLE.

Restez. Le roi l'ordonne, et lui-même s'avance:
Il vous permet encor d'implorer sa clémence.
La reine, vos amis veillaient sur votre sort;
Le roi peut révoquer l'arrêt de votre mort.
Il suffit que pour tous le grand-maître supplie;
Vivez pour l'amitié, la gloire, la patrie.
Cédez. Tous vos amis l'exigent. Il le faut.
J'étais prêt à vous suivre au pied de l'échafaud:
Devant toute la cour, devant toute la France,
En ce moment cruel, j'aurais, par ma présence,
Avoué pour amis des proscrits vertueux:
Oui, j'aurais mis ma gloire à paraître auprès d'eux.
Mais des bontés du roi nous avons l'assurance;
Il ne tiendra qu'à vous d'obtenir sa clémence.
Ne la dédaignez pas. Ce serait à regret
Que le roi...

SCÈNE IV.

MARIGNI fils, LAIGNEVILLE, MONTMORENCI,
LE GRAND-MAITRE, LE CONNÉTABLE, LE
ROI, suite.

LE ROI.

Vous avez entendu votre arrêt.
Vous direz-vous encore innocents?

LE GRAND-MAITRE.

Nous le sommes.

LE ROI.

Vous êtes condamnés.

LE GRAND-MAITRE.

Au tribunal des hommes.

LE ROI.

Quoi donc! vous accusez, et même devant moi,
Un tribunal auguste, organe de la loi!
Dès l'instant où le juge a prononcé pour elle,
Qui se dit innocent se déclare rebelle.

LE CONNÉTABLE, *au grand-maître.*

Il vous reste un espoir.

LE GRAND-MAITRE.

Il nous reste à mourir.

LE CONNÉTABLE.

A la bonté du roi n'osez-vous recourir?
La clémence est le droit de son pouvoir suprême:
Vous admettre à ses pieds, c'est vous l'offrir lui-même.

LE GRAND-MAITRE, *au roi.*

Ces augustes bienfaits d'un prince tout-puissant

Sont pour le seul coupable et non pour l'innocent :
Accepter un pardon, c'est avouer un crime.
Par cette lâcheté nous perdons votre estime ;
L'innocence à ce point ne peut s'humilier.
N'avons-nous que la mort pour nous justifier ?
Nous demandons la mort.

LE ROI.

Des juges unanimes
De votre Ordre accusé reconnaissent les crimes ;
Satisfait des aveux que font plusieurs de vous,
Du glaive de la loi je détourne les coups ;
J'aime à vous pardonner, je vous offre la vie.

LE GRAND-MAITRE.

Sire, offrez-nous l'honneur. Que votre voix publie
Que malgré cet arrêt nous sommes innocents,
Vous trouverez encor nos cœurs reconnaissants ;
Une grace n'est rien, il nous faut la justice :
C'est notre jugement qui fait notre supplice.
Dépouillés de nos droits, persécutés, proscrits ;
Ne rencontrant par-tout que haine, que mépris ;
Si nous pouvons survivre à ce revers funeste,
Infortunés ! il faut qu'au moins l'honneur nous reste.
Assurez notre honneur, Sire, et de vos genoux,
Nous volons aux combats et nous mourons pour vous.

LE CONNÉTABLE, *à part.*

Avertissons la reine. Allons.

SCÈNE V.

LE GRAND-MAITRE, MARIGNI fils, LAIGNE-
VILLE, MONTMORENCI, LE ROI, templiers,
suite.

LE ROI.

La cour entière,
Vos parents, vos amis m'adressaient leur prière;
Et moi-même, cédant au cri de la pitié,
Peut-être au souvenir d'une ancienne amitié,
J'ai dit : « Que leurs regrets désarment ma justice;
« Oui, que devant son roi le grand-maître fléchisse;
« Et je ne vois en eux que des infortunés :
« Ils sont assez punis quand ils sont condamnés. »
Mais quoi! vous imposez des lois à ma clémence!
Il faut que je proclame encor votre innocence!
Quel est donc cet orgueil? N'exigerez-vous pas
Que vos accusateurs soient livrés au trépas?
Que, flétrissant ma gloire et m'accusant moi-même,
J'abaisse devant vous l'honneur du diadème?
Ah! c'en est trop. Pensez au sort qui vous attend;
A votre repentir j'offre encor cet instant :
Acceptez ma clémence, ou craignez ma justice;
C'est à vous de choisir.

LE GRAND-MAITRE.

Qu'on nous mène au supplice.

LE ROI.

Marigni, votre père intercédait pour vous;
J'ai voulu vous sauver, je pardonnais à tous.

5

Pensez au désespoir de votre père.

MARIGNI.

Ah! Sire,

Vous attaquez mon cœur; la douleur le déchire;
D'un père infortuné je déplore le sort;
Mais la vertu commande, et je marche à la mort.

LE ROI.

J'exerçais envers vous mon droit le plus auguste;
J'étais trop généreux; c'est l'instant d'être juste:
Je le serai sans doute; ingrats... retirez-vous.

LE GRAND-MAITRE, *au roi.*

Dieu lit au fond des cœurs; qu'il soit juge entre nous.

(*Aux chevaliers.*)

Amis, c'est devant lui que nous allons paraître;
Notre triomphe est prêt.

(*Ils sortent. Le grand-maître reste le
dernier sur la scène.*)

SCÈNE VI.

LE ROI, LE GRAND-MAITRE, SUITE.

LE ROI.

Rappelez le grand-maître.

(*Le grand-maître se rapproche.*)

Restez... De votre sort plus que vous j'ai frémi:
N'avez-vous rien à dire à votre ancien ami?

LE GRAND-MAITRE.

Ah! Sire, si j'osais...

LE ROI.

Parlez, je vous l'ordonne.

LE GRAND-MAITRE.

Sire, je vous dirais que mon cœur vous pardonne.
Du haut de l'échafaud je promets à mon roi
De prier que le ciel pardonne comme moi.
Mais, Sire, le péril déja vous environne :
Nos malheurs deviendront une dette du trône.
Un jour, peut-être, un jour... ô douleur ! ô regrets !

LE ROI.

Expliquez-vous...

LE GRAND-MAITRE.

Grand Dieu ! ne nous venge jamais !

SCÈNE VII.

LE ROI, seul.

Dans ce moment fatal quel sentiment l'anime ?
Est-ce fierté coupable ? est-ce vertu sublime ?
Quelle tranquilité ! quels accents ! quel maintien !
Cette paix de son cœur épouvante le mien !
Mais pour justifier la rigueur des supplices,
N'ai-je pas les aveux de ses propres complices ?
De nombreux chevaliers n'ont-ils pas devant moi
Répété les aveux... Quel est ce bruit ? Pourquoi ?...

SCÈNE VIII.

LA ROI, LA REINE.

LA REINE.

Sire, Sire, apprenez, voyez ce qui se passe :
Les nombreux chevaliers auxquels vous faisiez grace,
A peine ont-ils connu le trop malheureux sort
Des autres templiers condamnés à la mort ;
Honteux d'être épargnés, et gémissant de l'être,
Tous se sont écriés : « Imitons le grand-maître ;
« Si nous n'avons pas eu la force de souffrir,
« Réparons notre honneur, sachons encor mourir. »
J'ai vu leur désespoir, leurs remords magnanimes.

LE ROI.

Les mêmes qui de l'Ordre ont avoué les crimes !

LA REINE.

Devant l'inquisiteur tous se sont présentés ;
Pleurant sur leurs aveux, tous les ont rétractés :
J'admirais leur vertu : l'inquisiteur prononce ;
Et l'arrêt de leur mort est sa seule réponse.
Condamnés à périr, ils ne se plaignent pas ;
Ils nomment le grand-maître, et courent au trépas.

LE ROI.

Qu'entends-je ?

LA REINE.

Apprenez tout, Sire. Je suis certaine
Que la noirceur perfide, ou l'implacable haine
Avait au nom de l'Ordre armé les factieux,

Pour rendre l'Ordre entier criminel à nos yeux.
Oui, Sire, un ennemi cruel et redoutable
Croyait prouver ainsi que l'Ordre était coupable.

LE ROI.

Qui donc?

LA REINE.

Épargnez-lui la honte et la douleur,
Sire : il ne travaillait qu'à son propre malheur.

LE ROI.

C'est le nommer... Il faut que soudain j'éclaircisse...
(*A un garde.*)
Empressez-vous. Allez. Retardez le supplice.

LA REINE.

Ah! Sire, quel bienfait!

LE ROI.

Quand je les ai livrés
Au tribunal vengeur des droits les plus sacrés,
Je ne prétendais point aider la calomnie,
Et ma sévérité n'est pas la tyrannie.
Je dis plus : si j'avais prévu que ces guerriers,
Par l'éclat dangereux de leurs refus altiers,
Forceraient le monarque, et réduiraient la France
A poursuivre contre eux une grande vengeance,
Je ne vous cache point que j'aurais hésité
A réclamer les droits de mon autorité ;
Mais lorsqu'ils ont donné le dangereux scandale
D'opposer au monarque une lutte rivale,
Puissent-ils mériter qu'un pardon généreux
Renverse l'échafaud déja dressé pour eux !
Qu'ils s'engagent du moins au respect, au silence ;

Et le monarque, heureux et fier de sa clémence,
Peut, aux yeux de son peuple, aux yeux de l'étranger,
Pardonner sans faiblesse et sur-tout sans danger.

LA REINE.

Les apprêts de la mort, l'appareil du supplice,
Acquittent ces guerriers envers votre justice :
Consultez votre gloire. Oui, vous pouvez pour eux,
Sans crainte et sans péril, vous montrer généreux;
Soyez-le; mais en roi dont toute la puissance
N'exige d'autre prix que la reconnaissance;
Laissez de vos bienfaits ce noble souvenir;
Qu'on dise : « Il pardonna quand il pouvait punir. »

SCÈNE IX.

LE ROI, LA REINE, LE CONNÉTABLE.

LA REINE.

Eh bien! a-t-on sauvé ces guerriers magnanimes?

LE CONNÉTABLE.

Hélas! j'ai vu périr ces illustres victimes.

LA REINE.

Le roi leur pardonnait... nous espérions... mais quoi?
L'inquisiteur a craint la clémence du roi.

LE ROI.

Ces guerriers ont péri!

LE CONNÉTABLE.

    Du moins dignes d'envie :
La gloire de leur mort explique assez leur vie.

LA REINE.

Vous aviez toujours dit qu'ils étaient innocents.

Un tribunal cruel.... des ennemis puissants....
. Ah! puisse sur eux seuls retomber l'injustice!

LE CONNÉTABLE, *à la reine.*

Un immense bûcher, dressé pour leur supplice,
S'élève en échafaud, et chaque chevalier
Croit mériter l'honneur d'y monter le premier;
Mais le grand-maître arrive : il monte, il les devance;
Son front est rayonnant de gloire et d'espérance.
Il lève vers les cieux un regard assuré;
Il prie, et l'on croit voir un mortel inspiré.
D'une voix formidable aussitôt il s'écrie :
« Nul de nous n'a trahi son Dieu, ni sa patrie.
« Français! souvenez-vous de nos derniers accents;
« Nous sommes innocents, nous mourons innocents.
« L'arrêt qui nous condamne est un arrêt injuste;
« Mais il est dans le ciel un tribunal auguste
« Que le faible opprimé jamais n'implore en vain;
« Et j'ose t'y citer, ô pontife romain!
« Encor quarante jours!.... je t'y vois comparaître. »
Chacun en frémissant écoutait le grand-maître :
Mais quel étonnement! quel trouble! quel effroi!
Quand il dit : « O Philippe! ô mon maître! ô mon roi!
« Je te pardonne en vain, ta vie est condamnée;
« Au tribunal de Dieu je t'attends dans l'année. »
        (*Au roi.*)
Les nombreux spectateurs, émus et consternés,
Versent des pleurs sur vous, sur ces infortunés.
De tous côtés s'étend la terreur, le silence :
Il semble que du ciel descende la vengeance.
Les bourreaux interdits n'osent plus approcher;

Ils jettent en tremblant le feu sur le bûcher,
Et détournent la tête.... Une fumée épaisse
Entoure l'échafaud, roule et grossit sans cesse.
Tout-à-coup le feu brille... A l'aspect du trépas,
Ces braves chevaliers ne se démentent pas.
On ne les voyait plus; mais leurs voix héroïques
Chantaient de l'éternel les sublimes cantiques;
Plus la flamme montait, plus ce concert pieux
S'élevait avec elle et montait vers les cieux.
Votre envoyé paraît, s'écrie; un peuple immense,
Proclamant avec lui votre auguste clémence,
Aux pieds de l'échafaud soudain s'est élancé....
Mais il n'était plus temps.... les chants avaient cessé.

LA REINE.

Ah! Sire, quelle erreur funeste, irréparable!

LE ROI.

Du moins j'ai cru toujours que l'Ordre était coupable.
Des jugements de Dieu craindrais-je l'équité?
Je ne crains que l'arrêt de la postérité:
Elle juge à son tour les rois et leurs victimes,
Et les grandes erreurs passent pour de grands crimes.

FIN.

MONUMENTS

HISTORIQUES,

RELATIFS A LA CONDAMNATION

DES CHEVALIERS DU TEMPLE,

ET

A L'ABOLITION DE LEUR ORDRE.

~~~~~~

PRÉFACE.

———

Je n'aurais point consacré mon temps et mes soins à de nouvelles recherches sur la condamnation des Chevaliers du Temple et sur l'abolition de leur Ordre, si, à l'espoir de résoudre un problême historique, il ne s'était joint un motif plus noble et plus impérieux : j'ai pensé que j'ajouterais peut-être aux titres de gloire de ma patrie, et au juste respect qu'inspire le caractère national, si je recueillais, avec zèle et impartialité, les preuves de l'innocence de l'Ordre et des Chevaliers; si j'offrais le tableau fidèle de cette fameuse catastrophe, où tant d'illustres Français, opprimés à-la-fois par l'autorité et par l'opinion, subirent toutes les épreuves du malheur; où tant de braves guerriers, rejetés, punis comme hérétiques, par l'Église, montrèrent une constance vraiment chrétienne; et, résignés sans orgueil, martyrs sans enthousiasme, s'immolèrent noblement à la religion, à l'honneur et à la vérité : évènement unique dans les Annales du monde !

Quand les commissaires du Pape demandèrent au Grand-Maître, Jacques de Molai, s'il voulait défendre l'Ordre, il répondit : « Je suis prêt à le défendre selon mes faibles moyens ; « ne serais-je pas vil et méprisable à mes yeux et aux yeux des « autres, si j'abandonnais la défense d'un Ordre qui m'a procuré tant de précieux avantages ? »

On ne sera pas surpris de retrouver dans cet ouvrage quelque chose du sentiment qui dicta cette réponse du Grand-Maître. 1

INTRODUCTION.

DE PHILIPPE-LE-BEL.

Philippe-le-Bel fut roi de France à l'âge de dix-sept ans. Son éducation avait été confiée aux soins du célèbre Gilles Colonne, depuis archevêque de Bourges, primat d'Aquitaine, qui mérita dans l'école le surnom de docteur très-fondé. Ce maître habile composa, pour son auguste élève, un traité de l'éducation du prince. Il répandit dans ses ouvrages de théologie quelques maximes alors remarquables, sur-tout celles que Jésus-Christ n'a point donné de domaine temporel a son Église, et que le roi de France ne tient son autorité que de Dieu.

On reconnut bientôt dans Philippe une volonté ferme et constante d'ajouter sans cesse à sa puissance et à son autorité. C'est le premier roi de France qui ait employé la formule : par la plénitude de la puissance royale ; et il ne se borna point à faire de cette formule une vaine décoration de ses diplômes.

Dès le commencement de ce règne, il y eut en France une révolution administrative. Depuis long-temps, c'était principalement le caractère de nos rois qui dirigeait le gouvernement : sous Philippe-le-Bel, ce fut la raison d'état. La France était en guerre avec la Castille et l'Arragon. Des traités de paix furent conclus, et Philippe fit l'essai de sa politique, en sacrifiant la cause des Lacerda, ses alliés, quand la France n'eut plus d'intérêt à la soutenir.

Édouard Ier avait rendu l'hommage qu'en sa qualité de vassal de la couronne de France il devait à Philippe ; tout semblait assurer à ce jeune monarque la paix au-dedans et au-dehors : des ministres habiles et dévoués l'aidaient à gouverner; des savants distingués, des écrivains estimables promettaient à son règne la gloire des succès littéraires; les classiques grecs et latins étaient connus et recherchés; l'Université de Paris avait le droit ou le soin de taxer le prix des copies des livres; et il est permis de croire que, même avant la prise de Constantinople, évènement auquel on affecte d'attribuer la rénaissance des lettres en Occident, la France les aurait cultivées avec distinction, si les malheurs des règnes suivants n'avaient arrêté le progrès des lumières.

Tout-à-coup une rixe entre deux matelots, l'un anglais, l'autre normand, occasionne des voies de fait; elles sont suivies de représailles violentes qui amènent une guerre de nation à nation. Philippe ne vit, ou fit semblant de ne voir dans les hostilités du roi d'Angleterre que la félonie d'un vassal : au lieu de déclarer la guerre à Édouard comme monarque étranger, il le cita comme feudataire rebelle; procédure qui aujourd'hui paraît peut-être bizarre, mais qui alors servait d'heureux prétexte aux projets de la politique.

A cette époque, Boniface VIII fut élevé à la papauté. La cour de Rome était loin d'avoir renoncé au système de suprématie que les croisades avaient tant favorisé, en réunissant les rois, les princes et les grands de la chrétienté, sous l'autorité du pontife suprême et sous la bannière de la croix.

Philippe avait accueilli à sa cour les ennemis personnels de Boniface qui, portant jusqu'à l'extravagance les prétentions ultramontaines, devait inévitablement se heurter contre la fermeté d'un monarque jaloux des droits et de l'indépendance de sa couronne. Des débats s'élevèrent entre eux, et le pape publia cette fameuse bulle qui défendit au clergé de payer aucun subside aux puissances laïques, sans une expresse permission de la cour de Rome. Il y avait plus de présomption que d'adresse dans la conduite du pontife romain. Défendre au clergé de contribuer aux subsides exigés par les besoins des États, c'était évidemment déplaire à tous les rois, et sur-tout aux grands et aux peuples, puisque l'exemption n'était accordée qu'à leur préjudice. Philippe profita habilement de cette faute, pour mêler à ses propres intérêts l'intérêt des grands et du peuple, et faire de sa cause la cause de tous les autres princes.　　　I.

La cour de Rome retirait de la France des sommes considérables : le Roi défendit l'exportation de l'or, de l'argent, des marchandises. Par ce moyen indirect, il priva le pape d'une partie de ses revenus. Cependant les cours de France et de Rome parurent se rapprocher. Le pape avait interposé son autorité pour rétablir la paix entre la France et l'Angleterre. Philippe, qui devait à l'esprit de son siècle de ne pas refuser cette haute médiation, trouva un moyen heureux : ce fut de remettre la décision de l'affaire, non au pape, mais à l'homme privé, Benoit Gaëtan, qui accepta la fonction d'arbitre en cette seule qualité.

La sentence de Benoit Gaëtan proposa les mariages de la sœur et de la fille de Philippe avec le roi d'Angleterre et son fils aîné, fixa les dots, et ordonna que les deux rois se restitueraient réciproquement ce qu'ils avaient pris l'un sur l'autre depuis la guerre. Philippe avait seul gagné dans cette guerre; il possédait des terres conquises sur Édouard : ainsi, sous cette feinte modération, Boniface prononçait contre Philippe la sentence la plus sévère.

Philippe n'acquiesça point. Bientôt il fut en rupture ouverte avec la cour de Rome. Boniface déclara que les rois lui devaient être soumis, même dans le temporel. Le Roi, offensé, mit dans sa réponse un ton de hauteur et de mépris qui n'était convenable ni à la justice de sa cause, ni à la dignité de son rang. Il défendit plus noblement l'indépendance de la couronne contre les usurpations de la tiare, lorsqu'il réfuta les prétentions de Boniface, en lui opposant le fait incontestable que « les rois exerçaient leur pouvoir en France et y donnaient « des lois avant qu'il y eût un clergé. »

Le souverain pontife, persistant dans ses menaces et dans ses entreprises, le Roi déploya une habileté et une hardiesse inconnues jusqu'alors dans les cours de la chrétienté. Au milieu d'une illustre et nombreuse assemblée, il fit brûler une bulle du pape; cet acte d'autorité fut annoncé dans Paris à son de trompe; et peu de temps après, en présence de tous les grands du royaume, il prononça l'exhérédation du trône contre ses propres fils, s'ils reconnaissaient jamais que la couronne de France relève d'homme vivant et d'autre que de Dieu.

Le pape se montra fort scandalisé de l'affront fait à sa bulle. « Quoi! s'écria-t-il, mes bulles ont été brûlées en présence du « Roi lui-même et des grands, ce que n'ont jamais fait héré- « tiques, païens ou tyrans! » Il convoqua à Rome les prélats et ecclésiastiques de France, pour aviser à la conservation des libertés de l'Église, à la répression des excès du Roi, à la ré- forme de son administration et au bon gouvernement de son royaume.

De son côté, Philippe prit ses mesures. Bientôt Paris eut dans ses murs une assemblée de la nation, où, pour la pre- mière fois, parurent les députés des communes. Il ne fut pas difficile d'obtenir des Français, réunis devant le Roi, une ad- hésion à sa juste résistance contre le pape. Doutera-t-on de la nécessité des mesures que le Roi avait prises, quand on saura que, malgré la décision des États, malgré les ordres du Roi et la surveillance de ses officiers, trente-cinq évêques, quatre archevêques et six abbés se rendirent à la convocation du pape? Le Roi ordonna sur-le-champ la saisie de leur tem- porel. Cette démarche hardie est d'autant plus remarquable, que Philippe était alors dans tous les embarras de la guerre.

Bailleul, roi d'Écosse, allié de Philippe, avait pris les armes contre l'Angleterre. Guy, comte de Flandres, allié d'Édouard, s'était à son tour déclaré contre la France. Philippe, accablant aussitôt son vassal rebelle, eut l'art de se créer un parti parmi les Flamands : il affecta de flatter les communes; il annonça qu'il protègerait leurs privilèges contre le comte, et ne dé- daigna pas la ressource d'une excommunication, qu'il fit ful- miner par l'archevêque de Reims et par l'évêque de Senlis; la Flandre fut mise en interdit. Ainsi, tandis qu'il bravait avec succès les entreprises de la cour de Rome, il empruntait les foudres de la religion contre ceux qui résistaient aux pro- jets de sa politique. Ce trait caractérise Philippe et son siècle.

Le comte de Valois, qui commandait l'armée du Roi, fut vainqueur en Flandre; Guy, ses deux fils et quarante seigneurs se livrèrent au prince français, en stipulant la condition que si, dans un an, on ne convenait pas de la paix, ils recou- vreraient la liberté.

Il n'est pas permis de taire que Philippe s'aveugla, ou feignit de s'aveugler sur ses droits. Il désavoue le traité consenti par son frère le comte de Valois ; il retient prisonniers Guy, ses fils et les seigneurs flamands, prend possession de la Flandre et la réunit à la couronne. Il fait avec la Reine son épouse un voyage en Flandre, s'applique à gagner l'affection de ses nouveaux sujets, et y réussit d'abord par ses manières populaires et par l'abolition de quelques impôts ; mais bientôt il reprend le caractère de sa politique : des citadelles sont bâties pour contenir les Flamands ; les impôts sont rétablis.

Le pape, irrité de ce que la plupart des prélats et ecclésiastiques français ne s'étaient pas rendus à Rome, menaça de la perte de leurs dignités tous ceux qui n'obéiraient pas à la convocation. Il prétendit que Dieu avait mis dans ses mains deux glaives, l'un spirituel et l'autre temporel ; mais Philippe ne craignit ni l'un ni l'autre.

Le monarque assembla les états-généraux, qui demandèrent la convocation d'un concile, et déclarèrent appel à ce concile contre Boniface, pour l'y faire déposer, à cause de ses excès et de l'invalidité de son élection. Aussitôt le Roi s'adresse aux églises, couvents et communes du royaume, afin d'obtenir leur adhésion à cette démarche extraordinaire : des commissaires parcourent la France, et dans peu de temps s'élève, en faveur du trône, l'hommage de l'opinion publique. Il faut le dire, ce fut à ce soin habile d'associer le clergé, les grands et le peuple à sa résistance contre le pape, que Philippe dut la soumission apparente des esprits et la tranquillité réelle du royaume.

L'abbé de Cîteaux expiait dans les prisons du Châtelet son refus d'adhérer à ces délibérations ; il recouvra la liberté, et se démit de son abbaye. Le clergé de Paris avait donné l'exemple de la soumission. Un seul prêtre, Martin Rippa, chanoine de Notre-Dame et régent de la faculté de théologie, avait fait des protestations contraires ; bientôt il les désavoua en plein chapitre, et donna, comme les autres, son vœu d'adhésion. A Montpellier, les Frères-Prêcheurs demandèrent du temps pour consulter leur prieur-général, qui était à Paris. On leur intima soudain, au nom du Roi, un ordre de sortir, dans trois jours, de leur couvent et de la France : ils n'hésitèrent plus.

Ce prieur-général des Frères-Prêcheurs écrivait de Paris à tous les couvents de son Ordre, et les invitait à ne pas refuser leur adhésion, CRAIGNANT SAGEMENT, disait-il, D'ENCOURIR L'INDIGNATION DE NOTRE SEIGNEUR-ROI. On peut présumer que les autres chefs d'Ordre avaient écrit de la même manière. A toutes ces mesures le Roi ajouta la défense de sortir du royaume, sous peine de mort et de confiscation des biens, et il déclara qu'il punirait, comme trahison d'État, la fraude, ou même la négligence de ses officiers.

Dès les mois d'août et de septembre 1303, le Roi avait obtenu des corps ecclésiastiques et des communes plus de sept cents actes d'adhésion. Telle était cependant l'espèce de terreur superstitieuse qui pesait sur les esprits, que le Roi crut nécessaire de promettre solennellement, ainsi que son épouse et ses fils, de ne jamais abandonner ceux qui adhéraient à la résistance que la France opposait à la cour de Rome.

Boniface, toujours plus irrité, lance enfin contre le Roi une bulle d'excommunication, défend à tout ecclésiastique de célébrer les saints mystères devant lui, et mande à Rome son confesseur, auquel il reprochait d'être trop indulgent. A cette démarche violente, qui outrageait également les lois de la religion et de l'État, le Roi n'opposa d'abord que des mesures de police. Il voulut empêcher la bulle de parvenir au légat qui était à la cour. Il ordonna et on établit la surveillance la plus sévère dans tous les ports, passages et routes; les voyageurs étaient arrêtés, fouillés, interrogés; on envoyait au Roi les dépêches suspectes : la bulle fut interceptée. Ceux qui l'apportaient au légat furent mis en prison, et des prêtres, auxquels ils en avaient laissé prendre des copies, furent punis de leur imprudente curiosité. Enfin, ce pontife altier qui avait osé écrire au roi : « Nos prédécesseurs ont déposé trois rois de « France(1); les Français en ont des preuves dans leurs chro-

---

(1) Aucun autre monument historique ne parle de cette prétendue déposition de trois rois de France. La fable même de la déposition de Childéric par Zacharie, n'a été inventée que long-temps après la mort de Childéric; si les papes avaient exercé une telle autorité sur nos rois, est-il vraisemblable que postérieurement les prélats de l'église gallicane

« niques, et nous dans les nôtres ; et si vous ne vous amendez,
« je vous déposerai comme un petit garçon, SICUT UNUM GAR-
« CIONEM, » Boniface poussa l'arrogance et le délire jusqu'à dis-
poser de la couronne de France en faveur d'Albert d'Autriche.

Philippe, justement indigné contre le pontife, le traita mi-
litairement, comme un prince temporel qui déclarait la guerre.
Voulant le faire déposer dans un concile, il résolut de s'emparer de sa personne. Boniface résidait alors dans la ville
d'Agnanie ; quelques Français, conduits par Guillaume de
Nogaret, s'y rendirent secrètement, surprirent le pontife, et
le firent prisonnier.

Le pape, délivré par les habitants, mourut peu de jours
après, au moment où il ordonnait, pour sa vengeance, la convocation d'un concile général. Le nouveau pontife, Benoît XI,
eut assez de politique et de religion pour révoquer les censures et l'excommunication lancées par Boniface VIII. Dans la
bulle qui lève l'excommunication, le pape déclare que Philippe
n'a pas sollicité d'être absous, et cependant le Roi avait fait à
ses ambassadeurs une procuration expresse pour recevoir cette
absolution.

Si Philippe le désira, ce fut sans doute pour montrer à la
France et à l'Europe que les censures de Boniface avaient été
lancées injustement ; et en même temps il eut assez d'adresse
et d'autorité pour obtenir que non-seulement le pape ne fit
pas mention de la demande, mais même qu'il déclarât qu'elle
n'avait pas été faite.

Le siège de Rome devint encore vacant. Philippe-le-Bel fut
le premier roi de France qui sentit l'importance et même la
nécessité d'appliquer sa politique aux opérations du conclave ;
il profita de la disposition des électeurs, et le candidat qu'il
protégeait, Clément V, fut élu.

Doit-on accorder une entière croyance au récit d'un histo-

---

eussent répondu à Grégoire IV, qui, venant en France en 833 pour
favoriser l'un des fils de Louis-le-Débonnaire, menaçait d'excommunication : » Si vous venez pour excommunier, vous retournerez excom-
« munié. SI EXCOMMUNICATURUS VENIS, EXCOMMUNICATUS ABIBIS. «

Vit. Lud. pii.

rien étranger qui a donné le détail des conditions secrètes qu'imposa Philippe à l'archevêque de Bordeaux, avant de placer sur sa tête la couronne pontificale? S'il était permis de hasarder des conjectures à cet égard, je dirais qu'il est vraisemblable que Philippe exigea une seule condition, qui renfermait toutes les autres, la résidence du pape en France; et ce ne fut pas le moindre succès de la haute politique du Roi. Heureux si la sagesse de son administration l'avait préservé de la nécessité également fatale aux princes et aux peuples, d'employer souvent des moyens désastreux pour se procurer des ressources pécuniaires!

Depuis le commencement de la monarchie jusqu'à ce jour, Philippe-le-Bel est l'un des princes qui ont joui des revenus les plus considérables. Cependant il fut souvent réduit au malheur d'altérer les monnaies; et ce fut peut-être pour y avoir touché imprudemment une première fois, qu'il se trouva dans la nécessité de les altérer encore. La voix publique le flétrit du surnom de FAUX MONNAYEUR, et la postérité n'a pas encore révoqué cet arrêt; cependant le devoir de l'historien commande d'examiner si cet arrêt fut juste.

Du temps de Philippe le-Bel, la taille, soit réelle, soit personnelle, n'était pas d'un produit considérable, et même elle n'était exigible que dans certaines circonstances. Le monarque avait, pour revenus ordinaires, les impôts sur les marchandises, les droits de péage, d'entrées, et quelques autres, le produit des biens de la couronne, et sur-tout les profits sur la fabrication des monnaies qui avaient cours à-la-fois dans ses propres domaines et dans ceux des barons et grands vassaux; tandis que leurs monnaies n'avaient cours que dans leurs terres. Le droit de battre des monnaies d'or appartenait exclusivement au Roi.

Comme le commerce n'avait pas encore établi de fréquentes et d'importantes relations entre les sujets des divers États, il n'était pas aussi nécessaire qu'à présent de régler une juste proportion entre la valeur réelle des monnaies de chaque pays et leur valeur nominale. Aussi les rois regardaient-ils l'altération des monnaies comme un droit de la couronne, comme un impôt légal, et les sujets ne se récriaient que contre l'extrême abus. Philippe, donnant cours à sa monnaie affaiblie, s'obligea d'indemniser ceux qui l'auraient reçue.

En 1305 et 1306, trois deniers de la nouvelle monnaie n'en valaient qu'un de l'ancienne. Les prélats du royaume avaient offert au Roi le dixième du revenu annuel de leurs bénéfices, à la condition que ni lui, ni ses successeurs, n'affaibliraient plus la monnaie, sans une nécessité indispensable, préalablement reconnue. Philippe n'avait point accepté cette proposition; mais l'offre et le refus prouvent évidemment que, de part et d'autre, on reconnaissait en principe que le Roi n'était pas soumis à un taux fixe et réglé pour la valeur réelle des monnaies qu'il mettait en circulation.

Charles VI, dans une de ses ordonnances, déclare qu'il est obligé d'affaiblir ses monnaies pour résister, dit-il, à nostre adversaire d'Angleterre.... NOUS N'AVONS AUCUN AUTRE REVENU DE NOSTRE DOMAINE NE AUTREMENT DE QUOY NOUS PUISSIONS NOUS AIDER. Sous le règne de son fils, l'affaiblissement des monnaies fut tel, que pour les droits de seigneuriage et de fabrication, on retenait les trois quarts du marc d'argent. Enfin, le peuple demanda à Charles VII et obtint comme une grace, qu'en remplacement du droit de faire des changements aux monnaies, les tailles et les aides deviendraient un impôt perpétuel. Quand le peuple se plaignait de l'altération des monnaies, il demandait, pour corriger l'abus, la monnaie du temps *de M. saint Louis.*

Philippe-le-Bel prétendait contre ses grands vassaux, qu'ABAISSER ET AMENUISER LA MONNAIE EST PRIVILÉGE SPÉCIAL AU ROI, DE SON DROIT ROYAL, SI QUE A LUI APPARTIENT, ET NON A AUTRES, ET ENCORE EN UN SEUL CAS, C'EST-A-DIRE, ÈS-NÉCESSITÉS. Malheureusement pour la France et pour Philippe lui-même, il se trouva dans la continuelle nécessité d'exercer ce droit funeste; l'indignité de la ressource sert même à prouver l'extrême besoin du moment. Il n'y a pas d'exemple que des moyens si désastreux n'aient tourné contre les gouvernements qui avaient eu l'avide imprudence d'y recourir.

Cependant on ne peut pas accuser Philippe d'avoir trompé ses sujets; il a usé en maître absolu, ou, pour mieux dire, abusé du droit d'altérer les monnaies, mais il a mis le peuple dans la confidence, en promettant une indemnité : peut-être sans ces fatales ressources, Philippe-le-Bel n'aurait pu soutenir la guerre contre les Flamands qui, s'étant révoltés, et ayant renouvelé à Gand envers les Français l'affreuse tragédie des vêpres siciliennes, avaient gagné ensuite la bataille de Courtrai, première bataille considérable où un roi de France n'eût pas combattu à la tête de son armée.

Philippe consentit à faire la paix avec l'Angleterre, quoiqu'elle se trouvât dans une position devenue critique par les entreprises de l'Écosse. Le mariage d'Isabelle, fille de Philippe, avec le fils aîné d'Édouard, fut le gage de la paix; la restitution de la Guyenne fut la dot d'Isabelle. Pour cimenter cette paix, les deux princes s'immolèrent réciproquement des victimes : Philippe abandonna l'Écosse à la vengeance d'Édouard, et Édouard livra la Flandre à celle de Philippe.

La guerre contre les Flamands recommença. Après leurs précédents succès, le Roi avait envoyé vers eux leur comte, Guy, âgé de quatre-vingts ans, pour les engager à accepter les conditions que la cour de France leur offrait; mais n'ayant pas réussi, ce vieillard malheureux, que Philippe avait retenu si injustement captif, retourna dans sa prison à Compiègne; il en avait donné la parole. La bataille de Mons-en-Puelle, où le Roi commandait en personne, vengea la France du malheur et de la honte de la bataille de Courtrai.

Cependant tel était l'épuisement du trésor public, que le Roi fut réduit à faire aux monnaies de nouvelles altérations, aussi injustes que les précédentes. Il y eut une émeute à Paris ; la foule assiégea le Roi dans le palais du Temple, où il s'était réfugié. Le Roi, délivré avec peine de ce danger, sévit contre les principaux coupables; mais les exécutions terribles ne donnèrent point aux monnaies une valeur réelle qu'elles n'avaient pas.

Si l'altération des monnaies causait des séditions à Paris, l'établissement de divers impôts en causait dans les provinces ; et Philippe, malgré sa fierté royale, révoqua une imposition de dix deniers pour livre, qui avait excité un soulèvement général en Normandie. J'attribuerai aux circonstances difficiles dans lesquelles le Roi se trouva si souvent, cette mesure aussi extraordinaire que violente, d'arrêter dans la France entière, en un même jour, tous les juifs, pour bannir leurs personnes et s'emparer de leurs biens.

En dénonçant l'injustice de cette mesure, peut-on toutefois ne pas remarquer avec quelle hardiesse Philippe-le-Bel créait et employait les moyens d'assurer à son administration cette vigueur et cette rapidité d'exécution qui triomphe presque toujours des plus grands obstacles? La persécution contre les juifs était depuis long-temps une espèce d'impôt en faveur des rois.

Philippe-le-Bel se montra vraiment digne de son trône par deux actes de son administration qui auraient suffi pour lui marquer une place honorable dans notre histoire. Il protégea, il favorisa l'affranchissement des communes, et appela leurs députés à ces grandes assemblées où la nation n'était auparavant représentée que par les prélats et par les grands.

Édouard, pressé par le besoin des subsides, avait déja admis au parlement les députés des communes d'Angleterre; il avait reconnu alors et proclamé ce principe : « C'est la règle « la plus équitable, que ce qui intéresse tous soit approuvé de « tous, et que le danger commun soit repoussé par des efforts « réunis. » De même, quand Philippe-le-Bel convoqua les députés des communes de France, il n'y fut déterminé que par l'intérêt de sa politique et par les besoins du trésor royal. Toutefois ce respect public pour les droits de la nation mérite notre reconnaissance, sur-tout envers un prince qui était si ardent à maintenir les droits du trône. Peut-être cet art de s'environner des députés de ses peuples était-il le moyen le plus heureux de relever encore sa propre dignité : il honorait le trône en honorant ses sujets.

Philippe fut heureux en ministres. Il avait eu la sagesse de les choisir habiles et zélés; il eut la sagesse plus rare de n'en pas changer. Enguerrand de Marigny obtint le titre de premier ministre et même de coadjuteur. Cette longue confiance des rois explique quelquefois leur caractère. Elle est presque toujours le signe de son extrême faiblesse ou de son extrême force.

Tels sont les principaux traits du règne et de la vie de Philippe-le-Bel. Je ne me suis attaché qu'à ceux qui peignent plus particulièrement la politique et le caractère du prince qui proscrivit l'Ordre et les Chevaliers du Temple. Ce prince eut de grandes qualités; mais il n'en fit pas toujours, et peut-être ne lui fut-il pas possible d'en faire souvent un noble usage.

Supposons que, trouvant dans la prévoyance des règnes précédents, dans le dévouement de ses peuples, dans l'établissement d'un sage système de finances, les ressources qui lui manquèrent sans cesse, il n'eût pas été réduit à des expédients d'autant plus condamnables, qu'ils furent presque toujours des fautes d'administration; la réforme de la justice, l'indépendance du trône envers la cour de Rome, l'autorité royale affermie contre les grands vassaux, l'admission des députés des communes aux états-généraux, le perfectionnement de la politique, l'art de maîtriser l'opinion auraient mérité à ce monarque les justes hommages de son peuple et ceux de la postérité.

Au contraire, le manque de fonds, la nécessité indispensable de s'en procurer, l'ignorance de l'art moderne qui sait créer des ressources, l'entraînèrent à de grandes injustices; alors cette haute politique qui, dans des temps heureux, appliquée sagement et volontairement, n'aurait servi qu'à de nobles entreprises, devint souvent injuste, quelquefois funeste, et presque toujours condamnable.

L'arrestation du comte Guy de Flandre fut la cause de longues guerres et de longs malheurs. Pour assurer la paix avec le roi d'Angleterre, Philippe souscrivit des conditions auxquelles il eût été coupable de consentir, si la pénurie des finances et la guerre de Flandre ne lui eussent imposé la nécessité de s'appauvrir encore : il abandonna, pour la dot de sa fille, cette même province de Guyenne qui, démembrée du royaume de France par la répudiation d'Éléonore, avait coûté tant de sang à reconquérir; en sorte que l'on peut dire que le mariage d'Isabelle, fille de Philippe-le-Bel, recommença le malheur politique du divorce d'Éléonore d'Aquitaine.

Plusieurs des ordonnances que publia Philippe-le-Bel révèlent encore les torts ou les erreurs de son administration. La

variation du taux des monnaies mit le monarque dans la nécessité déplorable de statuer souvent sur les modes de paie-
ment des obligations, fermages, loyers, salaires, etc. Manquant de matières pour battre de nouvelles espèces et faire des
profits sur cette fabrication, il ordonna plusieurs fois que ses
sujets livrassent leur vaisselle.

Le discrédit des monnaies ayant fait resserrer et renchérir
les denrées, le Roi fut réduit à permettre les perquisitions et
les réquisitions des grains; pour dernier malheur, il en fixa
le prix, le soumit à un maximum, prononça la confiscation des
grains cachés, et encouragea et récompensa les dénonciateurs,
en leur donnant une portion des objets confisqués. Enfin, il
se trouva dans la malheureuse circonstance où il crut nécessaire de proclamer une défense de s'assembler dans Paris, de
jour ou de nuit, en public ou en secret, au nombre de plus
de cinq personnes, de quelque rang et condition qu'elles fussent, sous peine d'arrestation; et il prononça la même peine
contre ceux qui, ayant connaissance de telles réunions, ne les
dénonceraient pas.

Sans anticiper sur ce qui concerne les Templiers, je dois observer que Philippe, qui connaissait tous les moyens d'imposer à l'opinion, introduisit, lors de l'arrestation de ces Chevaliers, une nouveauté dangereuse. Le peuple de Paris fut
convoqué dans un lieu public, pour entendre, au nom du Roi,
le motif d'une démarche que lui suggérait sa politique. Il ne
s'agissait pas alors d'appeler les députés des communes à une
délibération légale, mais de séduire l'opinion populaire, en
rendant la multitude confidente et pour ainsi dire juge des
actions du Roi : c'était la flatter, c'était la craindre, c'était
sur-tout manquer à la dignité du trône. Cette mesure extraordinaire annonçait les moyens violents qui amenèrent la
destruction de l'Ordre et l'illustre malheur des Chevaliers.

MONUMENTS

HISTORIQUES,

RELATIFS A LA CONDAMNATION

DES CHEVALIERS DU TEMPLE,

ET

A L'ABOLITION DE LEUR ORDRE.

Neuf des chevaliers français qui avaient suivi Godefroi de Bouillon à la conquête de la Palestine, se consacrèrent à protéger, contre les attaques et le brigandage des Musulmans, les pieux voyageurs qui de toutes parts accouraient à Jérusalem. L'exemple de ces Français excita le zèle de beaucoup d'autres guerriers qui se joignirent à eux. Cette milice généreuse parut bientôt avec gloire dans les champs de bataille. Ainsi se forma l'Ordre religieux et militaire des Chevaliers du Temple, ou Templiers, qu'on appela aussi les Soldats du Christ, la Milice du temple de Salomon, la Milice de Salomon.

Le concile de Troyes approuva cet Ordre en 1128. Une règle fut donnée aux Chevaliers : on s'empressa d'accorder des encouragements et des récompenses à leur dévouement et à leurs succès. « Ils vivent, disait saint Bernard, sans avoir rien en « propre, pas même leur volonté. Vêtus simplement et couverts « de poussière, ils ont le visage brûlé des ardeurs du soleil, le « regard fier et sévère : à l'approche du combat, ils s'arment « de foi au-dedans et de fer au-dehors; leurs armes sont leur « unique parure; ils s'en servent avec courage dans les plus « grands périls, sans craindre ni le nombre, ni la force des bar- « bares : toute leur confiance est dans le Dieu des armées; et, « en combattant pour sa cause, ils cherchent une victoire cer- « taine, ou une mort sainte et honorable.

« O l'heureux genre de vie, dans lequel on peut attendre la « mort sans crainte, la désirer avec joie, et la recevoir avec « assurance ! »

Les statuts de l'Ordre exigeaient et inspiraient les vertus chrétiennes et militaires. Les principales dignités étaient celles de grand-maître, lequel avait rang de prince chez les rois; de précepteurs ou grands-prieurs, de visiteurs, et commandeurs, etc. Lorsqu'il s'agissait de recevoir un nouveau chevalier, le chapitre s'assemblait: la cérémonie avait lieu ordinairement de nuit et dans une église. Le récipiendaire attendait au-dehors. Le chef, qui présidait le chapitre, députait, à trois différentes reprises, deux frères qui demandaient au futur Chevalier s'il voulait être admis dans la Milice du Temple; d'après sa réponse, il était introduit. Il sollicitait TROIS FOIS à genoux le pain et l'eau, et la société de l'Ordre. Le chef du chapitre lui disait alors : « Vous allez prendre de grands engagements; « vous serez exposé à beaucoup de peines et de dangers. Il « faudra veiller, quand vous voudriez dormir; supporter la « fatigue, quand vous voudriez vous reposer; souffrir la soif et « la faim, quand vous voudriez boire et manger; passer dans « un pays, quand vous voudriez rester dans un autre. »

Ensuite il lui faisait ces questions : « Êtes-vous chevalier? « Êtes-vous sain de corps? N'êtes-vous point marié ou fiancé? « N'appartenez-vous pas déja à un autre Ordre? N'avez-vous « pas de dettes que vous ne puissiez acquitter par vous-même « ou par vos amis ? »

Quand le récipiendaire avait répondu d'une manière satisfesante, il prononçait les trois vœux de PAUVRETÉ, CHASTETÉ, OBÉISSANCE. Il se consacrait à la défense de la Terre-Sainte, et recevait le manteau de l'Ordre; les Chevaliers présents lui donnaient le baiser de fraternité.

On lit dans Henriquez la formule de leur serment, trouvée dans les archives de l'abbaye d'Alcobaza : « Je jure de consa- « crer mes discours, mes forces et ma vie à défendre la croyance « de l'unité de Dieu, et des mystères de la foi, etc. Je promets « d'être soumis et obéissant au grand-maître de l'Ordre..... « Toutes les fois qu'il en sera besoin, je passerai les mers pour « aller combattre; je donnerai secours contre les rois et princes « infidèles, et, en présence de trois ennemis, je ne fuirai point, « mais seul je les combattrai, si ce sont des infidèles. » Leur étendard était appelé le BEAUCÉANT. On y lisait ces mots : *Non nobis, Domine, non nobis, sed nomini tuo da gloriam.*

C'était après avoir participé ou assisté aux saints mystères, qu'ils marchaient à l'ennemi, précédés de l'étendard sacré, et quelquefois récitant des prières.

Leur sceau portait cette inscription : *Sigillum militum Christi*, sceau des soldats du Christ.

Des témoignages authentiques et solennels ont consacré le dévouement et la gloire de ces Chevaliers. Fidèles à leur institution et à leurs serments, ils respectaient les lois de la religion et de l'honneur. Des historiens leur ont reproché un zèle trop ardent à augmenter ces richesses qui devinrent la cause de leur infortune; d'autres les ont accusés d'une fierté audacieuse que leur opulence, l'esprit de corps et la gloire même nourrissaient dans leurs cœurs, fierté qui peut-être n'était pas inutile à leurs succès guerriers.

Une ancienne chronique manuscrite parle de leurs richesses et de leur ambition :

> Li frere, li mestre du Temple
> Qu'estoient rempli et ample
> D'or et d'argent et de richesse
> Et qui menoient tel noblesse,
> Où sont il ? que sont devenu ?
> Que tant ont de plait maintenu,
> Que nul a elz ne s'ozoit prendre,
> Tozjors achetoient sans vendre....
> Nul riche a elz n'estoit de prise;
> Tant va pot a eue qu'il brise.

Ce n'est point dans les ouvrages écrits depuis la destruction de l'Ordre, que l'homme impartial cherchera quelles étaient les mœurs, la conduite et les opinions des templiers : rarement des proscrits trouvent des apologistes. Interrogeons les auteurs contemporains de ces chevaliers, les témoins de leurs vertus et de leurs exploits; et considérons sur-tout les témoignages honorables des papes, des rois et des princes qui, peu de temps après, devinrent leurs oppresseurs. Personne, avant leur terrible catastrophe, n'avait jamais accusé, ni même soupçonné les Templiers des impiétés, des dérèglements qu'on leur imputa quand on voulut les proscrire ; et même l'adage BOIRE COMME UN TEMPLIER n'a été imaginé que long-temps après eux.

Il ne se trouve point dans les divers recueils des anciens proverbes français; et il ne prouve pas davantage contre les Chevaliers, que l'adage sans doute plus ancien, BIBERE PAPALITER, *boire comme un pape*, ne prouve contre les pontifes romains.

Le chroniqueur déja cité rapporte les accusations qui servirent de prétexte aux oppresseurs de l'Ordre; et, bien loin d'accuser les mœurs des Chevaliers, il ajoute :

> Si fesoient le monde pestre
> Que il SEMBLOIENT PAR DEHORS ESTRE
> Bons; mais or n'est pas queliqui luist.
> Chapitre tenoient de nuit, etc. etc.

Les Templiers ne furent jamais dénoncés par les Troubadours; ignore-t-on que les sirventes de ces poëtes hardis ne faisaient point de grace à la dépravation de leur siècle, et qu'elles attaquaient impitoyablement le pape, le clergé, les princes et les grands ? L'auteur de la satire intitulée LA BIBLE GUIOT, nomme les Templiers, et parle d'eux en termes honorables, tandis qu'il médit de la plupart des autres ordres religieux.

> Molt sont prodomme li Templier.
> Là se rendent li chevalier
> Qui ont le siècle asavoré
> Et ont tot veu et tot tasté.

Dans les quinze dernières années qui ont précédé la proscription de l'Ordre, je vois les papes s'intéresser vivement pour lui auprès des rois d'Angleterre, d'Arragon et de Chypre. Le concile de Salzbourg, tenu en 1292, et plusieurs autres assemblées ecclésiastiques, avaient proposé de réunir en un seul Ordre les Chevaliers Templiers, Hospitaliers et Teutoniques. Si les Templiers n'avaient alors joui d'une réputation au moins égale à celle des autres Chevaliers, aurait-on proposé de réunir ceux-ci à un Ordre dégénéré ? Et puisque les Templiers étaient à eux seuls plus puissants, plus nombreux et plus riches que les Hospitaliers et les Teutoniques, et devaient nécessairement transmettre aux incorporés leurs maximes et leurs mœurs, n'est-il pas évident que proposer cette réunion, c'était rendre un hommage solennel à l'Ordre des Templiers ?

Il fut en effet question de réunir les Ordres du Temple et de l'Hôpital : ce projet fut discuté dans un mémoire que le grand-maître des Templiers adressa à la cour de Rome. Il craint la discorde parmi les frères réunis : « On les entendrait « se dire les uns aux autres : Nous valions mieux que vous ; « dans notre premier état, nous faisions plus de bien. » On jugera que la règle et la conduite des Templiers étaient plus sévères que celles des Hospitaliers, puisque le grand-maître ajoute : « Il serait nécessaire que les Templiers se relâchassent de « leur discipline, ou que les Hospitaliers réformassent la leur. »

En lisant ce mémoire sur la réunion des Ordres, et un autre sur les moyens de reconquérir la Terre-Sainte, on reconnaît dans le grand-maître la franchise, la loyauté et le zèle d'un Chevalier animé par la religion et par l'honneur, et qui surtout avait le droit de traiter avec le pape et les souverains, sans craindre qu'on pût lui reprocher les torts de l'Ordre ou l'inconduite des Chevaliers. Aussi, avant de seconder les mesures violentes de Philippe-le-Bel, le pape exprima l'extrême surprise que lui causait le genre d'accusations portées contre eux ; accusations, disait-il, INVRAISEMBLABLES, INCROYABLES et INOUIES.

Le roi d'Angleterre rendit en faveur des Templiers un témoignage encore plus honorable, en invitant les rois de Portugal, de Castille, de Sicile et d'Arragon, à ne pas ajouter foi aux calomnies qu'on répandait contre l'Ordre. Il écrivit au pape : « Comme le grand-maître et ses chevaliers, fidèles à la pureté « de la foi catholique, sont en très-grande considération et de- « vant nous et devant tous ceux de notre royaume, tant par « leur conduite que par leurs mœurs, je ne puis ajouter foi « à des accusations aussi suspectes, jusqu'à ce que j'en obtienne « une certitude entière. »

Ce témoignage d'Édouard II est d'autant plus précieux, que le grand-maître et les chevaliers français étaient alors dans les fers. Il est permis de croire que le roi d'Angleterre aurait persisté à protéger les Templiers ; mais devenu gendre de Philippe-le-Bel, il céda enfin aux instigations de son beau-père. Cependant il n'employa point les moyens rigoureux dont le monarque français donnait l'exemple. Et en livrant les Tem-

pliers aux inquisiteurs et aux conciles, il déclara expressément que c'était par respect pour la demande du pape. Ainsi
il est certain que, jusqu'à l'époque de leur infortune, les Templiers avaient joui de l'estime générale; que non-seulement
aucun ennemi, ni public, ni secret, ne leur avait reproché les
dérèglements et les impiétés dont ils furent ensuite accusés,
mais que les papes et les rois, même ceux qui les ont ensuite
poursuivis avec le plus d'acharnement, rendaient hautement
justice à leur zèle pour la religion et à la pureté de leurs
mœurs.

Il existe en leur faveur un titre aussi solennel qu'honorable, émané de Philippe-le-Bel lui-même : ce titre ne peut
laisser aucun doute sur les droits que l'Ordre et les Chevaliers avaient à l'estime du monarque et de la nation. En octobre 1304, trois ans seulement avant leur proscription, Philippe-le-Bel, dans un acte qui contient de nombreux privilèges
en faveur des Templiers, explique en ces termes les motifs de
sa munificence : « Les œuvres de piété et de miséricorde, la
« libéralité magnifique qu'exerce dans le monde entier, et en
« tout temps, le saint Ordre du Temple, divinement institué
« depuis longues années ; son courage, qui mérite d'être excité à
« veiller plus attentivement et plus assiduement encore à la
« défense périlleuse de la Terre-Sainte, nous déterminent jus-
« tement à répandre notre libéralité royale sur l'Ordre et ses
« Chevaliers, en quelques lieux de notre royaume qu'ils se
« trouvent, et à donner des marques d'une faveur spéciale à
« l'Ordre et aux Chevaliers pour lesquels nous avons une sin-
« cère prédilection. »

Sans entrer dans les détails des bienfaits du roi, je me borne
à rapporter ce préambule de l'acte qui les contient; il offre
une preuve incontestable de la considération dont jouissaient
l'Ordre et les Chevaliers : le Roi eût-il consigné dans cette
chartre solennelle un témoignage aussi honorable et aussi au-
thentique, s'il n'avait été mérité par l'Ordre et approuvé par
l'opinion publique? Je l'ai dit et je le répète : les écrivains
modernes qui ont hasardé l'opinion que l'Ordre des Templiers
avait alors dégénéré, ne se sont autorisés d'aucun témoignage
contemporain; et il est très-vrai de dire que généralement les

Chevaliers étaient, par leur bravoure, leurs mœurs et leur piété, dignes de l'illustre chef auquel ils obéissaient.

Jacques de Molai, leur grand-maître, était né en Bourgogne, de la famille des sires de Longvic et de Raon. Admis dans l'Ordre du Temple vers l'an 1265, reçu par Imbert de Peraudo, visiteur de France et de Poitou, dans la chapelle du Temple à Beaune, il avait passé outre mer, et s'était distingué dans la guerre contre les infidèles, sous le magistère de Guillaume de Beaujeu. Absent de la Terre-Sainte lors de son élection unanime à la dignité de grand-maître, vers 1298, il ne tarda pas à réaliser les espérances des Chevaliers, et à se montrer digne d'un choix aussi honorable.

Il se trouva, en 1299, à la reprise de Jérusalem par les chrétiens ; forcé ensuite de se retirer dans l'île d'Arade, il parut encore assez redoutable aux Musulmans pour qu'ils fissent contre les Templiers un armement considérable ; après avoir résisté long-temps, réfugié enfin dans l'île de Chypre, il rassemblait de nouvelles forces pour aller venger les derniers revers des armes chrétiennes, lorsqu'en 1305 le Pape l'appela en France. Il arriva suivi de soixante Chevaliers vieillis dans les combats, éprouvés par l'adversité, toujours prêts à donner leur vie pour la défense de la religion et la gloire de l'Ordre. Outre l'immense trésor que l'Ordre conservait dans le palais du Temple à Paris, le chef apporta de l'Orient cent cinquante mille florins d'or et une grande quantité de gros tournois d'argent, qui formaient la charge de douze chevaux : sommes considérables pour le temps, mais faible portion du numéraire que les croisades avaient exporté de la France ! Traité avec distinction à la cour de Philippe-le-Bel, qui lui fit l'honneur de le choisir pour parrain de l'un des enfants de France, il obtint la considération que méritaient son courage, son rang et ses vertus, et qu'augmentaient encore les marques d'estime et d'amitié que lui accordait le monarque.

Le projet de réunir les Ordres du Temple et de l'Hôpital avait été le motif apparent du pontife romain pour appeler le grand-maître. Bientôt le véritable motif fut connu. Des diffamations vagues et sourdes, des délations insidieuses accusèrent l'Ordre et les Chevaliers du Temple. Vers le mois d'avril 1307, le grand-maître se rendit à Poitiers auprès du Souverain pontife, pour se justifier et justifier l'Ordre. Molai avait avec lui Rimbaud de Caron, précepteur d'Outre-mer; Geoffroy de Goneville, précepteur de Poitou et d'Aquitaine; Hugues de Peraudo, précepteur de France. Le Pape leur parla des impiétés dont on les accusait, et notamment de l'adoration des têtes et des idoles. Il ne fut pas difficile aux chefs de l'Ordre de le disculper pleinement.

Le grand-maître revint à Paris, croyant que les explications données au Pape avaient détruit jusqu'au moindre soupçon. Habile à cacher ses projets, Philippe concertait dans l'ombre et le silence les moyens terribles qui devaient opprimer tout-à-coup l'Ordre et les Chevaliers.

Dès le 12 septembre 1307, des mandements furent expédiés pour arrêter les Templiers, le 13 octobre, à la même heure, dans toute la France; et le Roi dissimula si bien, que ni le grand-maître ni ses Chevaliers ne conçurent pas la moindre alarme : cette confiance était permise à leur vertu. La veille de l'arrestation, le grand-maître fut choisi pour être l'une des quatre personnes qui portèrent le poële à la cérémonie de l'enterrement de la princesse Catherine, héritière de l'empire de Constantinople, épouse du comte de Valois.

Il est évident que, depuis l'arrivée du grand-maître, le Roi s'était affermi dans le dessein de parvenir à l'abolition de l'Ordre, et en avait calculé les moyens. Et l'on peut avouer que si ces moyens avaient été moins injustes et moins violents, l'intérêt de l'État, la sûreté du trône auraient justifié peut-être cette grande mesure politique.

Chassés de la Terre-Sainte, exercés aux combats, possédant des richesses qui leur permettaient de faire la guerre par eux-mêmes, et de la faire continuellement; toujours prêts, par devoir et par habitude, à obéir sans réserve à leur chef; milice courageuse et entreprenante qui restait armée au milieu des États de l'Europe, où elle était forcée de chercher des asyles, il est vrai de dire qu'à cette époque où les rois n'avaient pas encore de troupes réglées, il eût été difficile d'échapper aux entreprises des Chevaliers s'ils avaient eu la coupable audace de s'armer contre les trônes. Un historien contemporain a porté à plus de quinze mille le nombre des défenseurs du Temple, la plupart Français. Parmi les faits qui pouvaient exciter les craintes du monarque, il en est que l'historien impartial ne doit pas dissimuler.

Durant les guerres, toujours renaissantes, entre les princes de la maison d'Anjou et ceux de la maison d'Arragon, qui se disputaient les royaumes de Naples et de Sicile, les Templiers avaient eu le tort de prendre parti pour la maison d'Arragon, et d'aider à ses succès. Armés au nom de la chrétienté pour combattre contre les infidèles, les Chevaliers pouvaient sans doute et devaient combattre aussi, comme sujets, sous les drapeaux de leurs rois, dans les querelles de prince à prince, de royaume à royaume; mais l'Ordre n'avait aucun droit d'intervenir, comme puissance belligérante, dans les débats des princes chrétiens.

Ce principe a toujours été reconnu et respecté. Aussi, lorsque Louis XIV requit l'Ordre de Malte de se déclarer pour lui contre les Hollandais, en 1672, c'est-à-dire à l'époque la plus brillante de sa puissance et de sa gloire, l'Ordre eut le courage et le mérite de lui opposer un refus; et le monarque français eut le mérite sans doute plus rare d'en pardonner le motif. Philippe-le-Bel pouvait donc justement prendre des mesures pour empêcher un Ordre trop puissant de s'armer un jour contre lui ou contre ses successeurs, soit en faveur d'un monarque étranger, soit sur-tout en faveur des grands vassaux de la couronne.

Lorsque, à l'occasion des changements faits aux monnaies, une émeute avait forcé le Roi à chercher un asyle dans le palais du Temple, les Chevaliers, en le protégeant avec succès, avaient prouvé, par ce succès même, qu'il n'eût tenu qu'à eux de l'abandonner aux fureurs populaires. L'effet heureux et prompt de leurs soins à calmer la sédition avait peut-être donné à penser qu'ils n'y étaient pas entièrement étrangers. Que Philippe eût soupçonné ou non la loyauté des Chevaliers, son caractère connu permet de croire qu'il n'avait point pardonné à une corporation assez puissante pour le protéger contre ses propres sujets.

Enfin, cette lutte longue et pénible de la France avec la

cour de Rome avait sans doute laissé dans l'esprit du Roi de fortes préventions contre un Ordre aussi redoutable que celui des Templiers, qui, soumis par sa constitution même à l'autorité des Papes, pouvait trouver, dans les débats de la couronne et de la tiare, des motifs ou des prétextes pour résister à l'autorité des rois. Ils furent donc coupables, aux yeux de Philippe-le-Bel, de tout le mal qu'il était en leur pouvoir de faire ; sa politique prévoyante ne leur pardonna point.

A la raison d'État se joignait une raison particulière ; le besoin de s'emparer de leurs trésors, et l'espoir de s'approprier leurs riches possessions. Quoique, par la suite des évènements, ces possessions ne soient pas restées dans le domaine de la couronne, il est évident que Philippe-le-Bel a eu primitivement le dessein de les y réunir. Si l'Ordre était aboli, la prétention que les biens devaient appartenir aux princes dans la juridiction desquels ils étaient situés, n'avait rien de contraire aux principes adoptés alors par les tribunaux civils et ecclésiastiques. On accusait les Templiers d'hérésie, et la loi prononçait la confiscation contre les hérétiques.

En 1306 et 1307, époque où fut concerté et exécuté le projet de saisir les personnnes et les biens des Templiers, les finances du royaume étaient dans un tel épuisement, qu'après avoir promis solennellement aux États-généraux de remettre les monnaies au taux où elles étaient sous Louis IX, Philippe se vit réduit à fausser sa parole royale et à commettre de nouvelles altérations ; à la même époque, le soulèvement général en Normandie l'obligea de révoquer une imposition de dix deniers par livre, qu'il avait essayé d'établir sur les marchandises. Douterons-nous que, pressé par l'extrême pénurie des finances, le Roi, en poursuivant l'Ordre des Templiers, n'ait eu à-la-fois le desir et le projet de profiter de leurs dépouilles, comme il s'était approprié, peu de temps auparavant, celles des malheureux juifs ?

Mais il ne reste plus de prétexte au moindre doute ; Philippe-le-Bel lui-même, dans une pièce qui se trouve au Trésor des chartes, et qui est postérieure à l'arrestation des Templiers, pose la question : *Si leurs biens doivent être confisqués en faveur du prince dans les États duquel ils sont situés.* Il est constant que Philippe-le-Bel, pendant tout le temps de son règne, ne cessa de jouir des revenus de l'Ordre; lorsque les grands et le peuple, murmurant de la longue détention des Templiers, osèrent dire hautement qu'on ne les avait fait arrêter que pour s'emparer de leur fortune, si le Roi consentit à ce que la cour de Rome disposât des biens en faveur des Hospitaliers, il continua toutefois de percevoir les revenus, dont ni lui ni ses successeurs ne rendirent jamais compte; et même il ne fut jamais question du riche et immense mobilier, ni de l'or et de l'argent trouvés et saisis au moment de l'arrestation des Chevaliers.

En 1316, Jean XXII se plaignait à Philippe-le-Long de ce que, sous prétexte d'exiger de l'Ordre de l'Hôpital le montant des traitements fixés pour les Templiers prisonniers, et surtout pour leurs geoliers, les agents de ce roi saisissaient les biens mêmes des Hospitaliers, établissaient des gardiens dans leurs maisons, ordonnaient des ventes, etc. Enfin, en 1317, Philippe-le-Long obtint des Hospitaliers, sans leur rien donner, une quittance finale de tout ce qu'ils avaient droit de prétendre des administrateurs des biens du Temple.

Quels que fussent les motifs et même les droits de Philippe-le-Bel, comment excuser les mesures violentes auxquelles il fut successivement entraîné contre les Templiers, du moment que, les ayant dénoncés devant la chrétienté, il crut son intérêt et son honneur engagés au succès de l'accusation? Philippe fut cruel, de peur de paraître injuste. Ce monarque et la plupart des courtisans qu'il employait à combiner et à exécuter ses desseins, étaient, à certains égards, au-dessus de l'esprit de leur siècle; et la preuve qu'on en peut donner, c'est qu'ils surent se conformer à cet esprit.

Enguerrand de Marigny, ministre, et Guillaume de Nogaret, chancelier, étaient remarquables par leurs lumières, par leur caractère ferme et entreprenant, et par leur dévouement absolu aux intérêts et aux volontés du Roi. L'un et l'autre montrèrent la plus grande énergie dans la défense des droits du trône, contre les entreprises de Boniface VIII. Nogaret osa, en son propre nom, intenter contre ce pape une accusation d'hérésie et d'impiété; et, ce qui surprendra moins peut-être, cette accusation fut prouvée par une multitude de témoins.

Parti secrètement de Paris avec quelques hommes sûrs et résolus, et se montrant tout-à-coup au milieu de l'Italie, il réussit à surprendre le Pape dans le village d'Agnanie, où il le tint quelques jours prisonnier. Ces ministres étaient secondés par des agents animés du même esprit. Serions-nous étonnés des mesures extraordinaires et violentes exécutées contre les Templiers? On dira peut-être aujourd'hui que le Roi et ses ministres ayant cru l'abolition de l'Ordre des Templiers nécessaire ou utile, il eût suffi de la prononcer ou de la faire prononcer, en faisant respecter cette décision légale par les moyens de puissance et d'autorité que le gouvernement avait employés si heureusement en d'autres circonstances. On se tromperait. Non-seulement alors on ne reconnaissait point que le monarque eût le droit de détruire un Ordre, mais on pouvait douter que le Pape lui-même eût ce droit: il n'existait encore aucun exemple de suppression d'Ordre religieux; et on verra bientôt que, pour le donner, la cour de Rome jugea nécessaire de convoquer un concile et de préparer les preuves de la nécessité indispensable qui pouvait légitimer cette mesure extraordinaire.

Si Philippe n'avait pas employé un coup d'État, s'il avait usé simplement de son autorité royale, s'il s'était borné à prononcer ou à faire prononcer l'abolition de l'Ordre, le clergé et le peuple n'auraient vu dans les Templiers que les victimes de la puissance royale; et les grands, qui regardaient les biens de l'Ordre comme un second patrimoine de leurs familles, auraient peut-être pris hautement le parti des Chevaliers dépossédés; une guerre civile pouvait naître de telles dissensions. La politique fut donc réduite à employer contre les Templiers des armes plus puissantes, celles de la religion. Il fallut, en les accablant, séduire le vulgaire, les calomnier dans l'opinion, les présenter comme hérétiques et impies.

Les Templiers défendaient en public la religion; on les accuse de l'outrager en secret. Ils étaient respectés et considérés; on leur impute des mœurs infâmes. L'invraisemblance et l'atrocité des crimes imputés deviennent même des moyens de tromper la crédulité publique; et le vulgaire, au lieu de voir dans ces infortunés des victimes de la politique ou de l'avidité du prince, n'ose pas même les plaindre, quand ils sont dénoncés comme coupables d'impiétés et de déréglements. Les agents du Roi, qui connaissaient toute l'influence que les signes extérieurs et l'appareil religieux exercent sur la multitude, les employèrent avec une habileté cruelle : si un Templier mourait dans la prison, son corps n'obtenait pas la sépulture ecclésiastique : c'était le châtiment imposé aux impies, aux hérétiques ; et le peuple, qui distingue si rarement le fait d'avec le droit, jugeait les Templiers hérétiques, parce qu'il les voyait punir comme tels.

L'accusation portée contre les Templiers n'était pas difficile à rédiger. Depuis long-temps, toutes les fois que la haine ou le fanatisme avaient poursuivi des victimes, les dénonciateurs avaient supposé le même genre de délits ; et après l'affaire des Templiers, quand on voulut faire des coupables aux yeux du vulgaire, on suivit la même méthode.

Le vendredi 13 octobre 1307, le grand-maître et une foule de Chevaliers sont tout-à-coup arrêtés dans le palais du Temple à Paris ; on s'empare de leurs possessions et de leurs richesses. Le Roi occupe leur palais. Le même jour, les autres Chevaliers sont arrêtés dans toute la France.

Le Roi publie un acte d'accusation qui les qualifie de *loups ravissants, de société perfide, idolâtre, dont les œuvres, dont les paroles seules sont capables de souiller la terre et d'infecter l'air, etc.*

Les habitants de Paris sont convoqués dans le Jardin du Roi ; toutes les communautés et paroisses de cette capitale s'y rassemblent ; des commissaires, des moines prêchent le peuple contre ces proscrits. Ils étaient dans les fers ; l'inquisiteur, Guillaume de Paris, les interroge : ils sont privés de tout conseil, de tout secours ; on les menace ; on laisse manquer du nécessaire ces guerriers qui, par leurs privilèges et leur opulence, rivalisaient naguère avec les princes. On promet la vie, la fortune, la liberté aux Chevaliers qui avoueront les crimes imputés à l'Ordre.

Pour les y engager, on leur présente de prétendues lettres du grand-maître, par lesquelles ils sont invités à faire cet aveu,

Lorsqu'ils ont le courage de résister à tous les genres de séduction, on les livre aux tortures ; elles varient selon les lieux
et selon les personnes : trente-six Chevaliers périssent à Paris
durant l'épreuve des plus horribles tourments. D'autres ne
peuvent y résister. Pour se soustraire à la douleur, ils font
les aveux exigés.

On s'étonnera peut-être que des Chevaliers qui affrontaient courageusement la mort dans les combats, et qui la
bravèrent si noblement sur les bûchers, n'aient pas aussi heureusement résisté à la douleur violente des tortures. Pour ap-
précier avec justesse quelle différence existe entre la force
morale qui rend l'homme capable de se résoudre à mourir un
instant, et la force physique nécessaire pour endurer de longs
tourments, il faut se faire une idée précise des diverses manières de torturer les accusés. J'en trouve les détails dans les
codes avoués par l'Inquisition et dans les procès des Templiers. Les lecteurs qui partageront le sentiment pénible que
j'éprouve à transcrire ces cruautés juridiques, auront bientôt
jugé s'il était possible de les supporter long-temps.

On dépouillait le patient, on lui liait les mains derrière le
dos ; on attachait des poids énormes à ses pieds ; et la corde
qui serrait ses mains, traversait ensuite une poulie placée au
haut de l'instrument fatal de la torture. Au signal des inquisiteurs, la corde jouait, le patient était rapidement sus-
pendu en l'air, et tout son corps cruellement tiraillé. Il pous-
sait des cris ; les inquisiteurs avaient soin que les greffiers
prissent note non-seulement des réponses de l'accusé, mais
encore de tous ses soupirs, de toutes ses larmes.

L'une des variations de la torture consistait à hisser le
corps, à lâcher ensuite rapidement la corde, et à retenir tout-
à-coup dans l'air le corps retombant de tout son poids ; la
chûte et le mouvement rétrograde causaient au patient la dis-
location de tous ses membres, et d'horribles douleurs, sur-
tout dans les bras et dans les cuisses, etc. La torture de la
corde était la plus usitée ; on employait quelquefois celle du
feu. On enchâssait les pieds nus du patient dans un instrument qui ne lui permettait plus de les retirer ; on les frottait
d'une matière onctueuse, et on les présentait ainsi au feu le

plus ardent. Pour éprouver la constance du torturé, on plaçait tout-à-coup, entre ses pieds et le feu, une planche qui
interceptait la douleur; et, s'il persistait dans ses dénégations,
on relevait la planche, et la douleur le ressaisissait.

Il y avait aussi la torture des talons. On étendait le patient à terre, on enfermait son talon nu dans un talon con-
cave de fer que l'on resserrait à volonté, et cette compression
causait une douleur insupportable. Et si la faiblesse du corps
ne permettait pas d'autre torture, on plaçait, entre chacun
de ses doigts, de petits morceaux de baguettes, en forme de
sifflets, que l'on pressait avec force, de manière à faire cra-
quer les os des doigts.

Outre ces tourments ordinaires, on voit dans les procédures
faites contre les Templiers qu'ils en subirent de plus cruels encore. En quelques pays, on leur arrachait les dents; en d'autres, on leur faisait calciner les pieds; ailleurs, en leur suspen-
dant des poids à différentes parties du corps, on ne craignait
pas de rendre la torture même impudique.

Une foule de Chevaliers périrent durant ces épreuves terribles; plusieurs de ceux qui avaient été arrêtés dans le palais
du Temple, torturés et interrogés par l'inquisiteur Guillaume
de Paris, confesseur du Roi, ou par ses délégués, ne purent
éviter le malheur de faire enfin les déclarations exigées par
les inquisiteurs; et l'on obtint un instant du grand-maître lui-
même l'aveu que, lors de sa réception, il avait renié la croix
malgré lui, et qu'invité à cracher dessus, il avait craché à
terre, et une seule fois.

Que la crainte ou les tourments de la torture, le désir d'é-
pargner aux Chevaliers de nouvelles épreuves, l'espoir de s'entendre avec le Pape et d'apaiser le Roi, eussent fait céder un
moment le grand-maître, il est certain qu'il donna bientôt à
tous les Chevaliers le signal et l'exemple de rétracter les aveux
arrachés par la violence. Ils offrirent ainsi, en faveur de
l'Ordre, un témoignage plus remarquable et plus authen-
tique encore que ne l'eût été l'affirmation continue de leur
innocence, puisqu'il fallut soutenir et qu'ils soutinrent jusqu'à
la mort cette rétractation courageuse. Ceux des Chevaliers
qui avaient la force de résister aux tortures, jetés dans des

cachots et menacés de nouveaux tourments, n'avaient que le pain et l'eau pour toute nourriture. Telles étaient les rigueurs ordonnées par les ministres d'un roi qui avait proclamé cet axiôme, digne des Trajan et des Marc-Aurèle, que le citoyen accusé, même par l'Inquisition, devait entrer dans la prison seulement pour être gardé et non pour être puni, *ad custodiam, non ad pœnam !*

En blâmant les mesures violentes des agents de Philippe-le-Bel, gardons-nous d'oublier que ce monarque avait bien mérité de l'humanité et de la religion, lorsque touché des malheurs et des gémissements de ses sujets, il s'était opposé vivement à l'inquisiteur Foulques, frère-prêcheur, qui exerçait ses ravages dans le Languedoc. « Quoi ! s'écriait ce prince, cet « inquisiteur a l'injustice de commencer les procès par les ar- « restations, par les tortures, par des tourments inouïs, contre « les personnes qu'il lui plaît d'accuser d'hérésie ! Quoi ! par « la violence de la douleur, ce prêtre les force d'avouer qu'elles « ont renié le Christ, etc. » Et ce même monarque permet, en 1307, qu'on autorise de son nom les terribles mesures qu'il avait condamnées si hautement et si justement en 1301 !

Tous ces moyens injustes, violents et cruels étaient employés afin d'obtenir l'aveu que lors de la réception des Templiers, et d'après leurs statuts, on exigeait d'eux l'obligation expresse d'être impies dans leur croyance et dépravés dans leurs mœurs ; qu'ils reniaient le Christ ; qu'ils crachaient sur la croix, etc. etc. Les instructions adressées par le Roi à tous les baillis et sénéchaux, avaient été les mêmes ; saisir les personnes et les biens, interroger, torturer, obtenir des aveux, promettre grace à ceux qui avouent, menacer ceux qui nient. Aussi, dans les dépositions qui furent envoyées au Roi, on trouve cette uniformité, qui est une forte présomption que l'accusé, cédant à la force ou à la crainte, s'est borné à répondre affirmativement à tout ce qu'on lui a demandé

Il existe encore aujourd'hui, dans le Trésor des Chartres, les interrogatoires de plusieurs Templiers qui, cédant aux tortures ou aux menaces, firent les déclarations que leurs persécuteurs exigeaient ; mais on n'y trouve pas les réponses de ceux qui eurent le courage et la force de résister aux douleurs, aux menaces et aux séductions, soit qu'alors les commissaires négligeassent de rédiger ces réponses, soit qu'on ne jugeât pas à propos d'envoyer à la cour des pièces aussi peu satisfaisantes. Les instructions données par l'inquisiteur-général, Guillaume de Paris, portaient : « Envoyer au Roi, sus les « seaux des commissaires de l'inquisiteur, le plustost que ils « porront, la COPIE DE LA DÉPOSITION DE CEUX QUI CONFES- « SERONT LES DITES ERREURS, ESPECIAUMENT LE RENIEMENT DE « NOTRE SEIGNEUR JEHSU-CRIT. »

Dans les informations prises à Caen, on lit que treize témoins, qui accordent enfin les aveux exigés, les avaient constamment refusés lors des interrogatoires précédents, dont il ne paraît pas qu'on eût fait la rédaction. Ainsi, Philippe-le-Bel répandait dans toute la France des inquisiteurs qui n'avaient aucune mission de la cour de Rome; il poursuivait les Chevaliers d'un Ordre religieux qui, par les lois générales de l'église et par leurs privilèges particuliers, n'étaient soumis qu'à la juridiction immédiate du souverain pontife, sur-tout quand il s'agissait d'une accusation d'impiété et d'hérésie. C'était, de la part de Philippe, un acte d'autorité royale beaucoup plus hardi que tout ce qu'il s'était permis lors de ses démêlés avec Boniface VIII.

Clément V avait vu la cour de France, ennemie de Boniface, n'attaquer en lui que le Pape, et il voyait aujourd'hui cette cour amie attaquer en lui-même la papauté. Il comprit quel danger courait l'autorité du saint-siège. Il se récria contre les démarches du Roi, députa deux cardinaux et suspendit les pouvoirs des évêques et des inquisiteurs.

Les plaintes et les obstacles mirent Philippe dans le cas de déployer toute sa fermeté; le pape fut bientôt réduit à céder, et le Roi profita de cette condescendance pour obtenir davantage. Soigneux de donner à toutes ses poursuites l'appareil et même l'ostentation de la justice, le Roi avait consulté la faculté de théologie, qui avait répondu, le 25 mars 1308, en faisant l'apologie des mesures déja prises. Il avait convoqué à Tours une assemblée de nobles, de gens d'église et du tiers-état, pour le mois de mai suivant. Cette assemblée s'expliquant au nom du peuple français, demanda unanimement au Roi que les Templiers fussent poursuivis et punis.

Une circonstance très-digne de remarque, c'est que dans cette supplique le peuple français non-seulement demande la punition des prétendus crimes des Templiers, mais encore observe que le Roi n'a pas besoin du concours du Pape pour exterminer des hérétiques notoirement coupables : « Le chef « des enfants d'Israël, Moïse, cet ami de Dieu, qui lui parlait « face à face, s'écria dans une semblable circonstance contre « les apostats qui avaient adoré le veau d'or : QUE CHACUN « S'ARME DU GLAIVE ET FRAPPE. Et il ne demanda point pour « cette vengeance le consentement d'Aaron, qui était le grand- « prêtre établi par l'ordre de Dieu... (Tous les Templiers sont « homicides ou fauteurs d'homicides).... Eh ! pourquoi le Roi « très-chrétien ne procéderait-il pas de la sorte, même contre « tout le clergé, si malheureusement le clergé tombait dans « l'erreur, ou soutenait et favorisait ceux qui y sont tombés ? »

Il est évident que ces idées singulières pour le temps avaient été dictées par la politique du Roi et de ses ministres, qui opposaient habilement ce langage hardi, ce vœu imposant du peuple français aux prétentions ou aux scrupules de la cour de Rome. Le monarque avait jugé utile que tout le clergé de France participât à ce vœu. Quelques évêques ayant refusé ou négligé de se rendre à l'assemblée, il leur fit payer la dépense des autres prélats qui avaient obéi à la convocation.

L'un des moyens qui contribuaient le plus efficacement aux succès qu'ambitionnait Philippe-le-Bel, c'était de traiter lui-même en personne les affaires importantes qui exigeaient le secret et la célérité. Avant de placer la tiare sur la tête de l'archevêque de Bordeaux, il s'était concerté avec lui dans la conférence de Saint-Jean-d'Angély. Ensuite il avait assisté à Lyon au couronnement du nouveau pape; et parmi les fêtes et les cérémonies religieuses, il avait médité et réglé ses redoutables projets. On le verra bientôt accourir au concile de Vienne, y siéger à côté du souverain pontife; maintenant c'est lui-même qui apporte dans Poitiers, à Clément V, le vœu exprimé par le peuple français.

Il y eut de vives discussions entre le Pape et le Roi, et surtout entre les personnes qui parlaient ou agissaient en leur nom. A son arrivée dans Poitiers, le monarque s'était prosterné devant le pontife, et avait humblement baisé ses pieds. Pendant le cours des négociations, Clément V ayant voulu s'évader et se retirer à Bordeaux, ses bagages et ses trésors furent arrêtés aux portes de la ville. L'activité vigilante du Roi ayant découvert le projet, en empêcha l'exécution. Pour donner au pape la conviction des prétendus crimes de l'Ordre, on lui présenta, les 29, 30 juin et 1er juillet 1308, environ soixante-dix Templiers choisis parmi ceux qui avaient cédé aux menaces ou aux tourments. Tous ne répétèrent pas leurs précédentes déclarations. Jean de Valgellé, l'un d'eux, soutint ensuite, devant la commission papale à Paris, qu'en présence du pontife il n'avait rien avoué, et plusieurs autres révoquèrent à Paris les dépositions que la torture et les menaces leur avaient arrachées; et, se rangeant parmi les défenseurs de l'Ordre, confirmèrent, par une mort sublime, leur vertueuse rétractation.

Le 2 juillet, le pape tint un consistoire public, où, devant son clergé, les grands et le peuple, on lut les dépositions des soixante-dix Templiers. Cet appareil juridique frappait sans doute le vulgaire; mais que devaient penser les personnes éclairées, quand elles reconnaissaient, par les dépositions mêmes de ces infortunés, qu'ils avaient été torturés ou présentés à la torture? Ignoraient-elles que si ordinairement des coupables se résignent à l'épreuve des tourments plutôt que de faire des aveux qu'on n'exige que pour les condamner à la mort, dans cette cause, au contraire, les accusés étaient d'avance assurés de l'impunité et même des bienfaits du Roi, s'ils faisaient les déclarations exigées? Il était donc évident que ceux qui refusaient les aveux ou les révoquaient, ne pouvaient être animés que par un sentiment d'honneur et par leur attachement à la vérité et à la religion.

Quel effet dut produire sur cette nombreuse assemblée l'interrogatoire relatif au trésor de l'Ordre! Ses richesses étaient-elles son crime? Le 5 du même mois, le pape écrivit à l'inquisiteur Guillaume de Paris : « Quoique vous ayiez à juste titre « mérité mon indignation, de ce que étant si voisin de moi, « vous avez eu l'audace de procéder sans ma réquisition contre « les Chevaliers du Temple, je veux bien toutefois user envers « vous de clémence plutôt que de sévérité ; et, d'après les in-

« stances souvent réitérées du roi des Français, je vous per-
« mets de procéder avec les prélats du royaume et les délégués
« que je leur associerai, mais non autrement, contre les per-
« sonnes de l'Ordre du Temple. »

On se garda bien de présenter au pape le grand-maître et
les autres chefs de l'Ordre. On les traduisait devant lui; mais
on les retint à Chinon, sous prétexte que quelques-uns étaient
malades et hors d'état de continuer leur route jusqu'à Poitiers.
Mais pourquoi le pape, dans une occasion si importante, dans
une affaire qui intéressait si essentiellement la chrétienté, ne
se transporta-t-il pas à Chinon, qui n'est qu'à une petite dis-
tance de Poitiers ? Pourquoi du moins n'appela-t-il pas à Poitiers ceux des chefs qui n'étaient pas malades ? Car une bulle
atteste qu'ils ne l'étaient pas tous. Pourquoi ne mit-il aucun
empressement à entendre le grand-maître, qui lui avait toujours demandé d'être admis à justifier l'Ordre ? Et puisqu'on
reconduisit ces Chevaliers de Chinon à Paris, pourquoi ne
leur fit-on pas faire le court trajet de Chinon à Poitiers avant
de les ramener dans leurs prisons ?

Le pape devait mettre à interroger et à entendre le grand-
maître, un empressement d'autant plus grand, que dans l'une
des dépositions publiées dans le consistoire, on lit que les
Templiers prisonniers à Paris avaient reçu des lettres du
grand-maître qui les engageait à rétracter les aveux. Il est certain que l'entrevue du pape et du grand-maître eût amené des
éclaircissements importants. On les craignait, on les évita. Le
pape avait permis aux évêques de procéder contre les Templiers. D'après sa volonté, et sur-tout d'après les lois ecclésiastiques, chaque évêque n'avait droit de procéder que dans
son diocèse, et seulement contre les personnes soumises à sa
juridiction : la cour de France, importunée par ces formes,
demanda que le pape autorisât les évêques à informer dans
leurs diocèses contre les Chevaliers étrangers qui s'y trouve-
raient, et le pape n'osa pas refuser l'autorisation.

Alors le Roi sollicita encore le pape de donner à chaque
évêque le droit de poursuivre les Templiers, même hors de
son diocèse; et, quoiqu'il n'y eût jamais eu peut-être d'exemple d'une telle violation de l'ordre des juridictions, le pape

ne résista pas davantage. Enfin, avant que l'Ordre fût jugé dans un concile, avant qu'aucun tribunal eût prononcé sur les accusations dont on noircissait les Chevaliers, Clément V lança une bulle d'excommunication contre toutes les personnes qui accorderaient aide, secours, retraite ou conseil à ces infortunés. A-t-on besoin de recourir à des moyens aussi violents, quand il s'agit de punir un véritable délit ? Dans l'entrevue de Poitiers, il avait été convenu qu'un Conseil œcuménique serait convoqué à Vienne pour prononcer l'abolition de l'Ordre. Le pape nomma une commission qu'il chargea de se rendre à Paris et d'y prendre contre l'Ordre en général une information juridique, dont les preuves pussent motiver la décision du concile.

Les membres de cette commission furent : l'archevêque de Narbonne; les évêques de Bayeux, de Mende, de Limoges; les archidiacres de Rouen, de Trente, de Maguelone; le prévôt d'Aix. On présume aisément, par tout ce qui a précédé, que les ministres du Roi ne furent pas étrangers à la rédaction de l'acte d'accusation contre les Templiers. Mais il n'y a nul doute que cet acte d'accusation n'ait été rédigé à la cour de France : par une singularité assez remarquable, on a gardé au trésor des chartres le brouillon original de cet acte, sur simple papier, chargé de quelques corrections et tel qu'il se retrouve parfaitement mis au net sur le vélin envoyé par la cour de Rome.

La bulle qui ordonnait d'informer contre l'Ordre, prononçait que l'Ordre entier et chacun des Chevaliers qui voudraient le défendre, seraient cités pardevant les commissaires, et que l'information achevée, l'ORDRE, PAR LE MINISTÈRE DE SES SYNDICS OU DÉFENSEURS, COMPARAITRAIT DEVANT LE PONTIFE DANS UN CONCILE GÉNÉRAL. Toute la chrétienté fut divisée en arrondissements, dans lesquels chaque archevêque, chaque évêque, tous les délégués du pape et tous les inquisiteurs reçurent l'ordre exprès de poursuivre les Templiers. Ainsi, en France, en Angleterre, en Suède, en Norwège, en Danemarck, en Allemagne, en Pologne, en Espagne, en Portugal, en Italie, dans les îles de Majorque, de Corse, de Sardaigne, de Sicile, de Chypre, dans le duché d'Achaïe et à Constantinople, il ne

3.

leur resta plus aucun asyle; par-tout ils furent sous l'œil et sous la main de l'Inquisition.

Cependant les évêques ou les inquisiteurs interrogeaient dans toute la France les Templiers arrêtés. Dans la procédure faite par l'évêque de Clermont, en juin 1309, soixante-neuf Templiers comparurent; quarante firent des aveux, et vingt-neuf soutinrent l'innocence de l'Ordre. Après les dépositions, l'évêque les assembla tous; d'un côté furent placés ceux qui avaient fait des aveux, et de l'autre ceux qui étaient restés fidèles à l'Ordre.

Les Templiers fidèles, interpellés de nouveau, déclarèrent qu'ils persistaient dans leurs réponses, et qu'au reste, si, par crainte de la torture, de la prison ou de toute autre peine corporelle, ils faisaient dans la suite quelques aveux, ils demandaient que ces aveux ne fussent pas valables, et que la justice n'eût égard qu'à leur première déposition. Les autres, interpellés s'ils voulaient proposer quelque défense, ou attendre le jugement définitif, répondirent unanimement qu'ils ne voulaient ni se défendre ni être jugés, mais qu'ils se soumettaient en tout et par-tout à la miséricorde de l'Église. Quelle différence entre le courage inébranlable des vrais Chevaliers, et la timide et lâche conduite de ceux qui abandonnaient l'Ordre !

L'évêque d'Elne, par ordre de l'archevêque de Narbonne, avait pris, durant le mois de février, une information contre vingt-cinq Templiers de la maison de Mas-Deu, détenus dans le château de Trulars. Cette procédure est un monument remarquable. Tous attestent la pureté et l'innocence de l'Ordre, tous déclarent qu'ils ne croient pas qu'aucun Templier ait avoué les crimes invraisemblables et honteux que suppose l'acte d'accusation. Si quelque Chevalier, disent-ils, a fait des aveux, fût-ce le grand-maître, IL EN A MENTI PAR SA GORGE. L'un d'eux ajoute : « Ceux qui ont fait de tels aveux ne sont « pas des Templiers, mais le diable incarné dans la peau des « hommes. »

Ils expliquent en détail les règles et les usages de l'Ordre; ils déposent entre les mains de l'évêque le livre des statuts, qui commence par ces mots en langue romance : QUAM ALCUN PRO OM REQUEER LA COMPAYA DE LA MAYSO. Leurs réponses, dictées par un sentiment à-la-fois religieux et chevaleresque, s'accordent non-seulement avec les dépositions des autres Chevaliers fidèles, mais encore avec le texte des statuts de l'Ordre, qui n'ont été retrouvés que depuis peu d'années. Mais pourquoi s'arrêter à ces procédures partielles qui précédèrent les grandes opérations de la commission papale; opérations dont devait dépendre le sort de l'Ordre entier?

Cette commission se réunit à Paris le 7 août 1309, et ordonna que les frères du Temple fussent cités devant elle au premier jour non fériat, après la Saint-Martin d'hiver. Elle envoya des messages pour faire publier la citation en présence du clergé et du peuple, dans les cathédrales, collégiales, églises et écoles, dans les principales maisons de l'Ordre, et dans les prisons où les Templiers étaient détenus. A l'époque désignée, la commission s'assembla à l'évêché de Paris; mais durant plusieurs séances, personne ne comparut au nom de l'Ordre; de nouvelles citations furent faites à cri public. Les commissaires prorogèrent le délai, parce qu'ils s'étaient aperçus que les mandements donnés pour citer les Templiers avaient été ou mal interprétés, ou non exécutés.

Que, dans les provinces éloignées, cela fût arrivé, il n'y aurait eu rien de surprenant; mais que penser, lorsqu'à Paris, sous les yeux mêmes de la cour, on avait négligé ou plutôt refusé d'intimer cette citation aux prévenus? Si devant les inquisiteurs, ou devant l'évêque de Paris, ils avaient avoué librement l'hérésie dont l'Ordre était accusé, pourquoi craignait-on de les avertir qu'il était permis de le défendre? Devait-on attendre que les commissaires du pape refusassent de commencer leurs opérations avant que ce préalable sacré n'eût été rempli? Il est évident que la cour de France ne voulait qu'un simulacre de procédure, et qu'elle cherchait à éviter les explications franches et les justifications courageuses des Chevaliers. Cependant l'évêque de Paris, invité par la commission papale, va lui-même faire publier la citation dans les prisons où étaient gardés le grand-maître, le grand-visiteur et quelques autres chefs, et ensuite il fait remplir la même formalité dans les autres prisons de la ville et du diocèse.

On peut juger encore de l'esprit qui dirigeait les ministres

du Roi, par un évènement consigné dans la procédure. Les
commissaires apprennent que le prévôt du Châtelet a fait arrêter, emprisonner et torturer quelques particuliers qu'on pré-
sumait être venus pour défendre l'Ordre. Le prévôt, appelé
par la commission, déclare que les officiers du Roi avaient
ordonné de saisir sept particuliers en habit laïque, dénoncés
comme Templiers fugitifs, qui, ayant quitté l'habit de l'Ordre,
étaient venus à Paris avec de l'argent, pour procurer des avocats et des défenseurs aux accusés; il avoue qu'il a fait donner
la question à ces étrangers, mais qu'il ne croit pas qu'ils
soient Templiers. La commission ordonne au contraire d'amener devant elle tous ceux qui voudraient défendre l'Ordre.

Ainsi, dans le même temps que la commission papale faisait
appeler à cri public, au-devant de la porte de l'évêché, les
personnes qui desiraient défendre l'Ordre, les officiers du Roi
arrêtaient tous les malheureux soupçonnés de s'intéresser à
cette défense; on les emprisonnait, on les torturait, comme
Templiers présumés! Qu'on juge comment on traitait les Chevaliers eux-mêmes!

Cependant la publication de la citation dans les différentes
prisons de Paris, avait réveillé l'espérance et le courage des
accusés. Opprimés par les officiers du Roi et par les inquisiteurs, ils apprirent avec joie que, sous les yeux et par les soins
d'une commission nommée par le pape, le procès contre
l'Ordre entier serait instruit avec une publicité et une solen-
nité digne de ses malheurs. Le mercredi 26 novembre, Jacques
de Molai parut devant les commissaires. Ils lui demandèrent
s'il voulait défendre l'Ordre ou parler pour lui-même.

Le grand-maître leur dit : « Il serait étonnant que l'Église
« mît tant de précipitation à exiger la défense de l'Ordre,
« lorsque la sentence relative à l'empereur Frédéric a été sus-
« pendue pendant trente-deux ans. Je n'ai ni assez de lumières,
« ni assez de talent pour défendre l'Ordre; cependant je suis
« prêt à le défendre selon mes faibles moyens : ne serais-je
« pas vil et méprisable à mes yeux et aux yeux des autres, si
« j'abandonnais la défense d'un Ordre qui m'a procuré tant de
« précieux avantages? Je ne me dissimule pas la difficulté d'une
« telle entreprise, lorsque je suis prisonnier du Pape et du

« Roi, n'ayant pas le moindre argent pour fournir aux frais
« de cette défense; je demande donc secours et conseil. Mon
« intention est que la vérité soit éclaircie, non-seulement par
« les Chevaliers, mais dans toutes les parties du monde, par
« les rois, princes, prélats, ducs, comtes, barons; je suis prêt
« à m'en tenir aux dépositions et aux témoignages des rois,
« princes, prélats, ducs, comtes et barons, et autres hommes
« probes. »

Les commissaires répondirent :

« Réfléchissez bien sur votre offre de défendre l'Ordre; pen-
« sez aux aveux que vous avez faits contre lui et contre vous-
« même. Néanmoins nous vous admettrons à le défendre, si
« vous persistez dans ce dessein; nous vous accordons même
« un délai, mais en vous avertissant qu'en matière d'hérésie,
« on procède sommairement et sans formalités, sans plaidoyer
« d'avocats ni forme de jugement. »

Afin qu'il pût délibérer avec connaissance de cause, les commissaires firent lire, en langue vulgaire, les pièces qui contenaient leurs pouvoirs. Durant la lecture des lettres apostoliques, qui supposent les aveux du grand-maître en présence
des cardinaux qui l'avaient interrogé à Chinon, il fit et répéta
souvent le signe de la croix; et, par d'autres marques plus
énergiques, il manifesta son étonnement et son indignation,
ajoutant que s'il ne devait du respect aux envoyés du pape,
il s'exprimerait différemment; et, comme les commissaires lui
répondirent qu'ils n'étaient point là pour accepter un défi, il
répliqua qu'il n'entendait point parler de cartel, mais que plût
à Dieu qu'on agît dans ce cas comme agissaient les Sarrazins et les Tartares, qui tranchent la tête et fendent le corps
par moitié à ceux qui sont reconnus pervers. Les commissaires lui notifièrent alors que ceux que l'Église reconnaît hérétiques obstinés, elle les abandonne à la justice séculière.

Guillaume de Plazian, officier du Roi, assistait à cet interrogatoire; les commissaires ont soin d'observer qu'ils ne l'a-
vaient point appelé. Ce courtisan dit au grand-maître de bien
prendre garde à ne pas se perdre imprudemment. Le grand-
maître répond qu'il voit bien qu'il doit sagement réfléchir, et
il demande jusqu'au vendredi. Ainsi, la première fois que le

grand-maître paraît devant des agents impartiaux, il se récrie
sur ce qu'on a inséré dans les lettres apostoliques des aveux
qu'il dénie formellement. Et ces aveux sont relatés dans une
bulle qui, adressée à toutes les cours de la chrétienté, se trouve
par-tout datée du 12 août, tandis qu'elle rapporte les prétendus aveux à la date du lendemain de la fête de l'Assomption,
c'est-à-dire, du 16 août ! Et cette bulle atteste que le grand-
maître a abjuré son hérésie, et a été réconcilié avec l'Église !
Cependant le grand-maître était traité dans sa prison à Paris,
soit quant à l'entier dénûment de tout secours pécuniaire,
soit quant à la privation des secours spirituels, comme un
Templier toujours supposé hérétique et non réconcilié.

Une autre circonstance à remarquer, c'est qu'un officier du
Roi soit présent à l'interrogatoire sans y avoir été appelé ; ce
courtisan, lié d'amitié avec le grand-maître avant sa disgrace,
feint de s'intéresser encore à cet infortuné, et n'assiste à son
interrogatoire que pour le décourager dans ses projets de défense. Favori de Philippe, Guillaume de Plazian avait dénoncé
Boniface VIII dans l'assemblée des États-généraux. Après la
mort du pontife romain, il avait été envoyé à Rome pour
s'entendre avec Benoît XI. Il venait de traiter à Poitiers l'affaire des Templiers, et avait obtenu, au nom du Roi, qu'ils
fussent poursuivis comme hérétiques. On sent de quelle influence pouvait être la présence de ce courtisan, que le grand-
maître regardait encore comme son ami ; et l'on devine à quel
dessein il avait offert ses conseils.

Le 27 du même mois, comparut devant les commissaires
Ponsard de Gisi.

LES COMMISSAIRES. « Voulez-vous défendre l'Ordre ?

PONSARD DE GISI. « Oui ; l'imputation qu'on nous fait de
« renier Jésus-Christ, de cracher sur la croix, et d'autoriser
« des mœurs infâmes, et toutes les accusations semblables,
« sont fausses. Si moi-même, ou d'autres Chevaliers, nous
« avons fait des aveux devant l'évêque de Paris ou ailleurs,
« nous avons trahi la vérité, nous avons cédé à la crainte, au
« péril, à la violence. Nous étions torturés par Flexian de
« Beziers, prieur de Montfaucon, et par le moine Guillaume
« Robert, nos ennemis.

« Plusieurs des prisonniers étaient convenus entre eux de
« faire ces aveux pour éviter la mort, et parce que, durant
« l'épreuve des tortures, trente-six Chevaliers étaient morts à
« Paris, et un grand nombre dans d'autres pays. Quant à moi,
« je suis prêt à défendre l'Ordre en mon nom et au nom de
« ceux qui feront cause commune avec moi, si, sur les biens
« de l'Ordre, on m'assigne de quoi fournir à la dépense né-
« cessaire. Je demande qu'on m'accorde le conseil de Raynaud
« d'Orléans et de Pierre de Boulogne, prêtres de l'Ordre.

« Je dépose cette cédule où j'ai écrit de ma propre main les
« noms de ceux que je regarde comme nos ennemis.

Les commissaires. « Avez-vous été torturé ?

Ponsard de Gisi. « Oui, trois mois avant l'aveu que j'ai fait
« devant l'évêque. On m'avait lié les mains derrière le dos
« d'une manière si forte, que le sang coulait presque par les
« ongles ; je fus pendant une heure abandonné, en cet état,
« dans une basse-fosse. » Ce Chevalier, qui le premier a le
courage de se porter pour défenseur de l'Ordre, ne peut s'empêcher de manifester ses craintes à raison de ce courage
même : il prévoit qu'il sera maltraité. Les commissaires le re-
commandent aux inspecteurs des prisons.

J'ai dû à Ponsard de Gisi l'honneur de le nommer, immé-
diatement après le grand-maître, à la tête des nombreux Chevaliers qui bientôt nous feront admirer leur sublime dévouement. Je rassemblerai les autres réponses qui m'ont paru
dignes d'être répétées par l'histoire.

Le grand-maître reparait devant les commissaires.

Les commissaires. « Voulez-vous défendre l'Ordre ?

Le grand-maître. « Vous m'avez lu des lettres du Pape qui
« se réserve mon jugement ; je ne veux pas défendre l'Ordre
« devant vous ; je demande d'être admis en présence du Pape.

« Faible et mortel, je n'ai que cet instant peut-être pour ré-
« clamer ce droit sacré. Que le pontife m'appelle. Oui, qu'il
« m'appelle au plutôt ; et je parlerai en sa présence, selon mes
« moyens, à la gloire de Dieu et de l'Église.

Les commissaires. « Nous n'avons pas à nous occuper des
« personnes, nous sommes envoyés par le Pape pour informer
« contre l'Ordre entier.

LE GRAND-MAÎTRE. « Je vous requiers d'agir loyalement et
« fidèlement ; cependant, pour l'acquit de ma conscience, je
« présenterai trois observations en faveur de notre Ordre :
« 1° Est-il aucun Ordre où les églises soient mieux pourvues,
« et de riches ornements, et de tout ce qui est nécessaire au
« culte divin ; où le service se fasse mieux par les prêtres et
« par les clercs ? Je n'excepte que les cathédrales. 2° Aucun qui
« répande autant d'aumônes ? Dans toutes nos maisons, il est
« de règle d'accorder l'aumône trois fois la semaine à tous les
« pauvres qui se présentent ; 3° En est-il aucun dont les Che-
« valiers se soient exposés aussi généreusement pour la défense
« de la religion chrétienne contre les infidèles, qui aient ré-
« pandu autant de sang pour elle, et qui se soient fait égale-
« ment redouter des ennemis de la foi catholique ?

LES COMMISSAIRES. « Sans la foi, ces soins, ces œuvres, cette
« valeur, sont inutiles au salut de l'ame.

LE GRAND-MAÎTRE. « Je conviens de cette vérité. Mais j'at-
« teste que je crois en Dieu, à la Trinité des personnes et à
« tous les autres articles de la foi catholique ; je crois qu'il n'y
« a qu'un Dieu, qu'une foi, qu'un baptême, qu'une Église, et
« qu'à la mort, quand l'ame se sépare du corps, il y a un
« juge des bons et des méchants. »

Le chancelier Guillaume de Nogaret, présent, prend alors
la parole :

« Dans les Chroniques de Saint-Denis, on trouve qu'au
« temps du sultan Saladin, le grand-maître et les autres chefs
« de l'Ordre lui prêtèrent hommage, et que le sultan ayant ap-
« pris leurs revers, les attribua à ce que les Chevaliers étaient
« coupables d'un vice infâme, et à ce qu'ils avaient prévariqué
« dans leur foi et dans leur loi.

LE GRAND-MAÎTRE. « Jamais, jusqu'à ce jour, je n'avais en-
« tendu de telles calomnies. Quand j'étais outre-mer, et pen-
« dant le magistère de Guillaume de Beaujeu, moi et plusieurs
« jeunes gens qui voulions guerroyer, comme c'est la coutume
« des jeunes militaires, nous murmurions contre le grand-
« maître qui restait en paix avec le sultan durant la trève que
« le roi d'Angleterre avait établie entre les Chevaliers et les
« Sarrazins ; mais dans la suite nous fûmes convaincus que le

« grand-maître agissait prudemment, attendu que l'Ordre pos-
« sédait plusieurs villes et forteresses enclavées dans les terres
« du sultan. »

Ne sera-t-on pas surpris de la présence du chancelier ? Par
ce soin d'observer et d'intimider les Templiers en public et
sous l'œil même de la justice, qu'on juge de ce qu'on osait
dans l'ombre et le secret des prisons. Le chancelier ne pouvait
ignorer la fermeté avec laquelle le grand-maître, dans sa pré-
cédente comparution, s'était récrié contre ses prétendus aveux
énoncés dans la bulle, et ce ministre ne prend la parole que
pour lui opposer les Chroniques de Saint-Denis, où il s'agit
d'un fait ancien et très-étranger au procès ? Pourquoi n'en-
gageait-il pas avec le grand-maître une discussion relative à
sa foi, à ses aveux, à ses rétractations ?

Cependant les commissaires reconnaissent, par les réponses
des archevêques, évêques, vicaires et officiaux, que dans la
plupart des diocèses on n'a point observé les formalités pres-
crites pour citer valablement les Chevaliers détenus. Les commissaires ordonnent de nouveau l'exécution de ces formalités ;
et le monarque, par son adhésion, autorise enfin les gardiens
des Templiers à les représenter aux évêques qui doivent leur
notifier la citation. C'est aux seuls officiers du Roi qu'est
commis le soin de traduire à Paris, devant la commission
papale, ceux des Chevaliers qui demanderont à défendre
l'Ordre.

Dans les instructions adressées par le Roi à ses officiers, il
exige que les Chevaliers soient surveillés par une escorte nombreuse et fidèle, de crainte qu'ils ne s'échappent ; il veut qu'on
les sépare, afin qu'ils ne puissent se suborner les uns les
autres, ni préparer des collusions, des machinations, des
subterfuges. A la nouvelle époque fixée, les commissaires
reprennent leurs séances. Bientôt de tous les points de la
France arrivent des Templiers traduits, du fond de leur prison, pour prendre la défense de l'Ordre devant la commission papale.

Ici se présente un spectacle qu'un philosophe ancien avait
jugé digne des regards du ciel, la vertu aux prises avec le
malheur. On voit entrer à chaque instant dans Paris, chargés

de chaînes, ces braves et nombreux Chevaliers qui jusqu'alors
avaient tenu dans les cours, dans le monde et dans les armées, un rang si honorable. On remarque avec admiration et
attendrissement les doubles cicatrices qui attestent leur valeur dans les combats et leur constance dans les tortures.

A mesure qu'ils arrivent, ils sont présentés successivement
aux commissaires. Tous, à un très-petit nombre près, déclarent vouloir défendre l'Ordre, se récrient contre l'accusation
et protestent de leur innocence; ils demandent qu'on leur
rende les habits de l'Ordre dont on les a dépouillés; ils demandent sur-tout d'être admis aux sacrements de l'Église.
Plusieurs mettent dans leurs réponses cette franchise et cette
énergie qui sont si dignes de l'innocence, et qui la caracté-
risent si bien.

Les commissaires. « Voulez-vous prendre la défense de
« l'Ordre ?

J. de Chames, Raynaud de Paris, Mathieu de Table,
Nicolas de Compiègne, Arnaud de Perche, Denis Neveu.
« Jusqu'à la mort.

Raoul de Taverni. « Jusqu'à la fin.

Richard de Marseille. « Oui, parce que je veux sauver
mon ame.

Robert de Sorney. « Je l'ai toujours voulu.

Bertrand de Saint-Paul. « Je n'ai jamais avoué les crimes
« imputés à l'Ordre, je ne les avouerai jamais : ce sont des
« calomnies. J'ose croire que Dieu ferait un miracle, si l'on
« donnait en même temps la communion et à ceux qui avouent
« et à ceux qui nient.

Douze Chevaliers. « De corps et d'ame.

Neuf autres. « Devant et contre tous, jusqu'à la mort.

Pierre de Marville et Jean de Portini. « Contre tout
« homme vivant, excepté le Pape et le Roi.

Sept Chevaliers qui avaient été interrogés en présence
du pape. « Quoique nous ayons, en présence du pape, fait
« quelques aveux contre l'Ordre et contre nous, nous décla-
« rons que nous avons menti devant lui; nous révoquons ces
« aveux, et demandons à défendre l'Ordre.

Jean de Valoellé. « Et moi aussi, j'ai été présenté au pape,

« et je n'ai fait aucun aveu ; je demande à défendre l'Ordre.

BERNARD DE VADO. « J'ai été tant torturé, on m'a tenu si « long-temps devant un feu ardent, que la chair de mes talons « est brûlée ; il s'en est détaché ces deux os que je vous pré- « sente. Voyez, ils manquent à mon corps. »

Mais voici un incident assez remarquable. Un Templier pré- sente une lettre que le clerc Jean Chapini avait remise aux Chevaliers à Sens, quand l'évêque d'Orléans vint les interro- ger. Marquée des sceaux de Philippe de Voet et de Jean Jain- ville, préposés, l'un par le Pape, et l'autre par le Roi, à la garde des Templiers, elle était adressée à Laurent de Beaune et aux autres accusés, détenus à Sens. Ces préposés du Pape et du Roi invitaient les détenus à faire les aveux exigés, et annonçaient que le Pape avait mandé que tous ceux qui n'y persisteraient pas, périraient dans les flammes.

Cette lettre, qui décelait les moyens coupables employés par les agents du Roi, fut presentée à Philippe de Voet qui l'examina attentivement et répondit : « Je ne crois pas avoir « envoyé cette lettre ; je ne sais si elle est empreinte de mon « sceau ; quelquefois il est resté dans les mains de mon secré- « taire ; je n'ai ni ordonné ni consenti qu'on l'y apposât ; j'ai « toujours dit aux accusés de déposer la vérité. » Quelle est cette réponse de Philippe de Voet, quand il dit ne *croire* pas avoir écrit ? Il reconnaît son sceau ; que n'interrogeait-on le clerc, qu'il suppose en avoir été dépositaire ?

Jean de Jainville, autre préposé à la garde des Templiers, aurait dû être appelé pour donner des éclaircissements, soit au sujet de la lettre, soit au sujet du second sceau, qui était le sien. Et pourquoi ne pas interroger Jean Chapini qui avait porté cette lettre aux détenus ? La moindre conséquence que l'on puisse tirer de ces diverses circonstances, c'est que les agents du Roi avaient recours à toutes sortes de moyens pour intimider les accusés ; et certes, cette terrible menace de con- damner au feu les Templiers qui se rétracteraient, ne tarda pas à se vérifier.

Le grand-maître comparaît encore devant les commissaires.

LES COMMISSAIRES. « Nous vous demandons de nouveau si vous voulez défendre l'Ordre ?

LE GRAND-MAÎTRE. « Le pape s'est réservé mon jugement ;
« faites-moi conduire en sa présence, et je dirai ce qui con-
« viendra. »

LES COMMISSAIRES. « Nous ne procédons pas contre vous
« comme particulier : nous n'en avons ni le droit ni la volonté ;
« nous sommes chargés d'informer contre l'Ordre.

LE GRAND-MAÎTRE. « Écrivez donc au pape, qu'il nous ap-
« pelle moi et les autres chefs, afin qu'il nous entende et qu'il
« nous juge.

LES COMMISSAIRES. « Nous vous promettons d'écrire. »

Les commissaires écrivirent-ils ? Il est évident que Philippe-
le-Bel n'eût jamais permis que le grand-maître parût en présence du pape. On avait feint de l'y conduire ; mais on avait
eu le soin et l'art de trouver un prétexte pour le retenir à
Chinon, afin qu'il communiquât seulement avec des commissaires ; et certes on ne pouvait pas douter, d'après tout ce
qui s'était passé, et sur-tout d'après les instances renouvelées
par le grand-maître en toute occasion, que l'entrevue de ce
chef de l'Ordre avec le chef de l'Église, ne donnât lieu à des
explications qui pouvaient devenir décisives.

Le système de défense auquel se réduisit le grand-maître
était sagement combiné. « Je suis dans les fers, disait-il ; je
« suis accusé : le pontife romain se réserve mon jugement ; je
« me présente à lui, qu'il prononce ; et alors, dégagé des ac-
« cusations qui me diffament, j'entreprendrai la défense de
« l'Ordre avec l'autorité de mon rang rétabli et de mon inno-
« cence reconnue. Mais tant que l'on refusera de prononcer
« sur mon sort, de décider devant les rois, les grands, le
« clergé, les peuples et mes Chevaliers, si je suis personnel-
« lement coupable ou non, c'est-à-dire, digne ou non de
« représenter l'Ordre et de le défendre, je déclare que je me
« bornerai pour toute réponse à demander mon propre ju-
« gement. »

Cependant on profita contre les Chevaliers mêmes de cette
fermeté du grand-maître, pour le dérober à leurs regards. Le
28 mars, on assembla dans le jardin de l'Évêché tous ceux
des Templiers qui jusqu'alors avaient déclaré vouloir défendre l'Ordre : on en compta cinq cent quarante-six. Mais

on eut soin de ne pas amener le grand-maître. Les commissaires firent lire en latin l'acte d'accusation, et ordonnèrent ensuite une seconde lecture en langue vulgaire. « Il suffit, « s'écrièrent les Templiers; il suffit de la première lecture en « latin : nous ne voulons pas entendre encore en langue vul- « gaire de telles turpitudes qui sont d'une insigne fausseté. »

Alors ils se plaignirent de nouveau d'être privés de leurs habits religieux et des sacrements de l'Église ; ils observèrent qu'on refusait les secours spirituels à leurs frères mourants, et la sépulture ecclésiastique aux morts. « Appelez ici, dirent- « ils, le grand-maître et les chefs de l'Ordre ! S'ils ne s'u- « nissent pas à nous pour le défendre, nous aurons rempli « notre devoir et nous le remplirons encore. »

Cette noble fermeté de cinq cent quarante-six Templiers qui s'offraient à défendre l'Ordre, qui révoquaient et réparaient, ou expressément, ou tacitement, tous les aveux que les tortures avaient arrachés à plusieurs d'entre eux, fit une grande sensation dans Paris, et les ministres du Roi se hâtèrent de concerter les mesures violentes qui bientôt accablèrent ces infortunés. Il arrivait encore, et il arriva dans la suite de nouveaux Chevaliers qui augmentèrent le nombre des défenseurs de l'Ordre : on en compta près de neuf cents.

La commission pensant qu'ils devaient se faire représenter par des mandataires de leur choix, envoya, dans les diverses prisons, des notaires pour recevoir le vœu des Chevaliers. Plusieurs refusèrent de nommer des mandataires ; leur respect pour l'Ordre éclate dans leurs réponses. « Prisonniers, « enchaînés, nous ne pouvons ni ne devons constituer des « mandataires; nous avons un chef, nous sommes sous son « obéissance; qu'on nous réunisse avec nos supérieurs, nous « délibérerons. Nous croyons que le grand-maître est bon, « juste, honnête, loyal, et pur des erreurs dont la calomnie « accuse l'Ordre. »

Quelques-uns demandent à défendre l'Ordre personnellement. « Nous ne voulons point de mandataires pour défendre « l'Ordre; chacun de nous veut en personne le défendre de « corps et d'ame. C'est ici une affaire criminelle, où chacun « doit se justifier soi-même. Nous défendrons l'Ordre, nous

« voulons le défendre jusqu'à la mort : celui-là n'est pas
« vrai Templier qui avoue les crimes qui nous sont imputés.
« Nous a-t-on demandé si nous voulions constituer des man-
« dataires, quand on nous livrait aux tortures ? »

Au milieu de tous ces débats, les malheureux prisonniers
sollicitaient toujours la présence du grand-maître pour délibérer avec lui : on leur répondait que le grand-maître devait
être jugé par le pape, et qu'il avait demandé à paraître en sa
présence. Quel absurde prétexte ! Le grand-maître pouvait
persister avec raison dans son refus de se soumettre à la
commission papale, quand il savait que le pape s'était réservé
de le juger ; mais ce refus autorisait-il les commissaires à ne
pas accorder aux accusés la consolation de voir, d'entendre
leur chef ? Devaient-ils les priver du droit d'implorer son
conseil, de lui demander la permission de nommer quelques-
uns d'entre eux pour les représenter dans la défense de l'Ordre ?

Il est évident que c'était un parti arrêté de refuser au grand-
maître la présence du pape, et aux Templiers la présence du
grand-maître; on craignait et on évitait tout ce qui pouvait amener des explications ; et certes, si on avait cherché à éclaircir
la vérité, il eût été facile de mener le grand-maître devant le
pape, de faire prononcer son jugement avant même que l'information contre l'Ordre commençât : c'était dans le mois de
novembre que le grand-maître réclamait d'être conduit en
présence du pape, et le premier témoin ne fut entendu qu'au
mois d'avril suivant.

Enfin, après beaucoup de procédures, d'interpellations et
de réponses, soixante-quinze Templiers sont choisis pour rédiger, au nom de tous, la défense de l'Ordre. Raynaud de
Pruino, Pierre de Boulogne, prêtres, Guillaume de Chambonnet, et Bertrand de Sartiges, chevaliers, sont désignés pour
être présents à la déposition des témoins.

Les détenus saisissaient toutes les occasions de s'adresser, de
vive voix ou par écrit, à la commission papale, pour protester
de leur innocence et de la pureté de l'Ordre, et offrir leurs
défenses.

Voici les principaux traits de l'acte d'accusation, et de la
défense des accusés.

Précis de l'acte d'accusation dressé au nom du Pape contre l'Ordre du Temple.

« Lors de la réception des Chevaliers, on leur faisait renier
« Dieu, le Christ, la Vierge, etc. On leur disait sur-tout que
« le Christ n'était pas le vrai Dieu, mais un faux prophète qui
« avait été crucifié, non pour la rédemption du genre humain,
« mais pour ses propres crimes. On faisait cracher les récipien-
« daires sur la croix. Ils la foulaient aux pieds ; c'était sur-tout
« le vendredi-saint qu'ils faisaient ces outrages à la croix. Ils
« adoraient un chat qui apparaissait quelquefois dans leurs
« chapitres ; ils ne croyaient point au sacrement de l'autel ; leurs
« prêtres, en célébrant la messe, ne prononçaient point les
« mots sacramentels de la consécration. On disait aux Cheva-
« liers, et ils croyaient que le Grand-Maître pouvait les ab-
« soudre de leurs péchés.

« Lors des réceptions, on leur annonçait qu'ils pouvaient se
« permettre des mœurs licencieuses et coupables. Dans chaque
« province ils avaient des idoles, c'est-à-dire des têtes, dont
« quelques-unes avaient trois faces, d'autres une, et quelque-
« fois un crâne humain, et dans leur grand chapitre ils ado-
« raient ces idoles. Ils révéraient ces idoles comme Dieu ; ils
« disaient que l'idole pouvait les sauver, qu'elle donnait les
« richesses de l'Ordre, qu'elle faisait fleurir les arbres et ger-
« mer les plantes de la terre. Ils entouraient la tête de l'idole,
« ou la touchaient avec des cordons, dont ils se ceignaient en-
« suite sur la chair.

« Ceux qui à leur réception ne voulaient pas se soumettre
« à ces usages, étaient tués ou emprisonnés. Tout cela s'obser-
« vait D'APRÈS LES STATUTS DE L'ORDRE ; c'était un usage gé-
« néral et antique, et il n'y avait pas d'autre mode de récep-
« tion. Ils ne regardaient point comme un péché d'enrichir
« l'Ordre par tous les moyens licites et illicites, *per fas et*
« *nefas.* »

Tel est le précis de l'acte d'accusation que le Pape présenta
contre l'Ordre.

Précis des moyens de défense présentés par les Chevaliers.

« Ces imputations sont fausses, et si quelques Templiers ont
« fait des aveux devant l'évêque de Paris ou ailleurs, ces aveux
« n'ont été que l'effet de la violence et de la terreur. Les Che-
« valiers étaient torturés par Flexian de Béziers, prieur de
« Montfaucon, et par le moine Guillaume Robert; déjà trente-
« six étaient morts à Paris dans les tortures, et plusieurs autres
« en divers lieux. Les formes légales ont été violées, on nous
« a arrêtés sans procédure préalable. Nous avons été saisis
« comme des brebis qu'on traîne à la boucherie. Dépossédés
« tout-à-coup de nos biens, nous avons été jetés dans des pri-
« sons affreuses. On nous a fait essuyer les épreuves cruelles
« de divers genres de tourments. Un très-grand nombre de
« Chevaliers ont péri dans ces tortures, ou des suites de ces
« tortures. Plusieurs ont été forcés de porter contre eux-mêmes
« et contre l'Ordre un témoignage qui, arraché par la douleur,
« n'a pu nuire ni à eux ni à l'Ordre. Pour obtenir des dépo-
« sitions mensongères, on leur présentait des lettres du Roi,
« qui annonçaient que l'Ordre entier était condamné sans re-
« tour, et qui promettaient la vie, la liberté, la fortune et des
« rentes viagères aux Chevaliers assez lâches pour déposer
« faussement. TOUS CES FAITS SONT SI PUBLICS ET SI NOTOIRES,
« QU'IL N'Y A NI MOYEN NI PRÉTEXTE DE LES DÉSAVOUER.

« Quant aux chefs d'accusation que la bulle du Pape pro-
« clame contre nous, ce ne sont que faussetés, déraisons et
« turpitudes; la bulle ne contient que des mensonges détes-
« tables, horribles et iniques. Notre Ordre est pur; il n'a ja-
« mais été coupable des crimes qu'on lui impute. Ceux qui ont
« dit et ceux qui disent le contraire, sont eux-mêmes faux
« chrétiens et hérétiques. Que les livres de nos statuts soient
« consultés, on trouvera qu'ils sont les mêmes pour tous les
« Templiers et pour tous les pays. Notre croyance est celle de
« toute l'Église. Nous faisons vœu de pauvreté, d'obéissance,
« de chasteté : nous nous dévouons, comme guerriers, à la dé-
« fense de la religion contre les Infidèles. Des pères appelaient
« leurs fils dans notre Ordre, des frères leurs frères, des
« oncles leurs neveux, parce qu'il était pur et saint.

« Quand les Templiers, prisonniers des Infidèles, ont été ré-
« duits au déplorable choix ou de renier notre sainte religion,
« ou de subir une mort cruelle, ont-ils hésité? Et auraient-ils eu
« le courage héroïque de préférer la mort, s'ils n'avaient été de
« vrais chrétiens? Nous sommes prêts à soutenir et à prouver
« notre innocence, de cœur, de bouche et de fait, et par tous
« les moyens possibles. Quels que soient nos accusateurs, nous
« sommes prêts à les combattre tous, hors le Pape et le Roi.
« Nous demandons à comparaître en personnes dans le con-
« cile général. Que ceux des Chevaliers qui ont quitté l'habit
« religieux, et ont abjuré l'Ordre après avoir déposé contre
« lui, soient gardés fidèlement sous la main de l'Église, jus-
« qu'à ce qu'il soit décidé s'ils ont porté un témoignage vrai
« ou faux. Quand on interrogera les accusés, qu'il n'y ait au-
« cun laïque, ni personne qui puisse les intimider. Les Che-
« valiers sont frappés d'une telle terreur, qu'il faut bien moins
« s'étonner si quelques-uns font de faux aveux, qu'admirer le
« courage de ceux qui soutiennent la vérité, malgré les périls
« et tant de justes craintes. Une foule de Chevaliers sont morts
« dans les prisons. Qu'on interroge les personnes qui les ont
« assistés à leurs derniers moments; qu'il soit permis de ré-
« véler les confessions des mourants, et les juges connaîtront
« la vérité ou la fausseté des accusations. Et n'est-il pas éton-
« nant qu'on ajoute plus de foi aux mensonges de ceux qui,
« pour sauver leur vie corporelle, cèdent à l'épreuve des tour-
« ments ou aux séductions des promesses, qu'à ceux qui, pour
« la défense de la vérité, sont morts avec la palme du martyre,
« et qu'à cette saine et majeure partie des Chevaliers qui sur-
« vivent, et qui, par le seul besoin de satisfaire à leur con-
« science, ont souffert et souffrent encore chaque jour? »

Cette défense courageuse, ces moyens de justification que
présentèrent publiquement les soixante-quinze mandataires des
nombreux détenus, ces cris de l'innocence opprimée, produisirent sans doute un grand effet sur l'opinion publique et sur
la cour; mais que cet effet fut différent! Si, d'une part, les
illustres familles qui tenaient par le sang et par l'amitié à la
plupart des accusés; si les parents, les amis de ces victimes,
si la pitié publique applaudissaient à tant de généreux efforts,

le monarque et tous ceux dont l'intérêt était de servir les
projets de la politique, les passions ou même les caprices
de la puissance, durent frémir d'indignation et de crainte; les
victimes allaient échapper, et le nom du Roi restait, aux yeux
de la France et de l'Europe, et devant sa propre politique,
flétri d'un crime non consommé.

Les Templiers qui jusqu'alors avaient dénié les accusations,
ne laissaient plus aux agents du Roi l'espoir d'obtenir des
aveux; et ceux qui en avaient fait, mais qui les avaient rétractés,
restaient désormais attachés à la vérité par le sentiment de leur
première faute, et par celui de leur honneur. Où trouver des
témoins à présenter devant la commission papale? où trouver
des Templiers apostats qui osassent soutenir les regards des
Templiers défenseurs de l'Ordre? Et cependant un concile général était convoqué à Vienne; les Templiers eux-mêmes avaient
été publiquement et solennellement cités à y comparaître pour
plaider la cause de l'Ordre accusé!

Quand on connaît à fond le caractère de Philippe-le-Bel, la
hardiesse de ses ressources et l'audace de ses ministres, on ne
peut que s'attendrir sur le sort des accusés; leur innocence
même obligera les agents du Roi à recourir à des moyens
extraordinaires et violents; on frémit du courroux et de la
puissance du Roi; on frémit même du courage des opprimés.

L'information commença le 11 avril 1310. En présence des
quatre Chevaliers désignés, les commissaires donnèrent le serment à vingt-un témoins, dont deux étrangers à l'Ordre, quelques-uns apostats de l'Ordre, et la plupart des autres, choisis
parmi ceux qui, ayant paru dans le consistoire de Poitiers, ne
s'étaient point engagés à défendre l'Ordre. Après l'audition
de neuf témoins, Jean Juignac, amené devant les commissaires, leur dit : « J'ai fait une déposition en présence du Pape;
« ne m'interrogez plus sur les mêmes articles. »

Les commissaires prirent le sage parti d'interrompre le nouvel interrogatoire. La discrétion et le silence des commissaires
permettent de présumer que le témoin était résolu à consi-
gner dans la procédure la rétractation des aveux qu'il avait
faits, ou qu'on supposait qu'il avait faits devant le Pape.

Cette présomption devient certitude, quand on apprend

qu'à la séance du 4 mai, les commissaires déclarent que, ne leur ayant été présenté ce jour-là aucun témoin qui n'eût déjà été interrogé par le Pape, ils prennent le parti de lever la séance, sans recevoir les dépositions.

Ils n'en étaient qu'à l'audition du treizième témoin, lorsqu'éclata soudain l'un des coups d'État les plus terribles qu'aient jamais concerté les ministres du trône et de l'autel. Cinq siècles se sont écoulés, et les preuves de cette grande injustice n'ont pu être entièrement effacées. L'archevêque de Sens, dont l'évêque de Paris était suffragant, étant mort vers Pâques de 1309, le Pape écrivit d'Avignon, le neuvième des kalendes de mai, qu'il se réservait la nomination du successeur, d'après de grandes et justes causes, et défendit au chapitre de nommer. Le Roi demanda l'archevêché vacant pour Philippe de Marigny, évêque de Cambrai, frère d'Enguerrand, son premier ministre. On voit dans la correspondance du Pape qu'il se prêta avec peine aux désirs du Roi. Mais le Roi lui mandait : « Quand je désire que vous nommiez à l'arche- « vêché de Sens, c'est que, faute de cette nomination, le « concile provincial est retardé. Dans ce concile pourront se « passer plusieurs choses qui intéressent la gloire de Dieu, la « stabilité de la foi et de la sainte Église. Que la jeunesse du « prélat ne vous fasse pas croire qu'il manque de capacité; « il est dans l'âge convenable; et, avec l'aide de Dieu, ses « actes vous prouveront combien il est au-dessus de son âge. »

On saura bientôt par quel moyen le concile devait travailler pour la gloire de Dieu, et quels étaient les actes qui devaient prouver la capacité de l'archevêque. Marigny fut nommé archevêque de Sens dans le mois d'avril 1310. A peine installé, il signala son avènement, en se dévouant tout entier à servir les projets de la Cour. Le dimanche 10 mai, les quatre défenseurs de l'Ordre apprennent que le concile provincial de Sens est convoqué à Paris contre les Chevaliers personnellement; le zèle des défenseurs s'alarme; ils demandent audience à la commission papale; quoique la commission ne tînt point ses séances les jours de dimanche, elle s'assembla, et Pierre de Boulogne parla en ces termes :

« Vous êtes commis par le Pape pour informer contre l'Ordre

« des Templiers. Une citation que vous avez fait publier au
« nom du Pape, a invité les Chevaliers qui voulaient défendre
« l'Ordre à comparaître devant vous ; on en a traduit un très-
« grand nombre, et ils se sont offerts et dévoués à la défense
« de l'Ordre. Cependant, d'après de sûrs renseignements, nous
« avons lieu de craindre que l'archevêque de Sens et ses suffra-
« gants, dans un concile qui est convoqué pour demain, ne
« fassent le procès à la plupart des Chevaliers qui se sont en-
« gagés à défendre l'Ordre. Cette mesure est prise, dit-on,
« contre eux, pour les faire désister de leur courageuse réso-
« lution. Nous avons donc rédigé un acte d'appel ; permettez-
« nous-en la lecture. »

La commission leur répondit qu'elle ne pouvait pas s'occuper de cet appel, qui ne concernait point ses propres opérations ; mais que s'ils avaient à proposer quelque défense en
faveur de l'Ordre, elle était prête à la recevoir ; alors ils déposèrent sur le bureau une cédule en ces termes :

« Nous savons que l'archevêque de Sens et ses suffragants
« vont procéder contre nous ; en droit ils ne le peuvent tant
« que dure l'information que vous êtes chargés de prendre
« contre l'Ordre, à raison de laquelle nous avons été admis à
« sa défense. Et comme le secours de l'appel a été établi en
« faveur des opprimés, nous venons pour arrêter les pour-
« suites du concile contre nous et nos personnes, poursuites
« irrégulières et injustes qui vous empêcheraient vous-mêmes
« de remplir votre commission. Nous venons de déclarer notre
« appel au Pape et au saint-siège, de vive voix et par écrit,
« plaçant nos personnes et celles de tous ceux qui ont entre-
« pris la défense de l'Ordre, sous la protection du saint-siège.
« Nous demandons instamment d'obtenir un conseil pour ré-
« gulariser notre appel, s'il en est besoin ; nous demandons
« qu'on nous accorde quelques secours pécuniaires, et qu'on
« nous conduise sans danger devant le pontife, dans le temps
« convenable, à l'effet de poursuivre notre appel. Daignez aver-
« tir l'archevêque de Sens et les autres prélats de ne pas nous
« mettre en jugement pendant la durée de votre commission.
« Faites-nous comparaître devant l'archevêque de Sens, et
« nous lui notifierons le présent appel. Désignez un ou deux

« de vos notaires pour en rédiger l'acte. Nous ne trouvons pas
« de notaire qui veuille nous prêter son ministère. »

Les défenseurs de l'Ordre sortirent après avoir déposé cette
cédule, et la commission eut à délibérer. L'archevêque de Narbonne qui présidait cette commission, se retira de la séance,
sous le prétexte qu'il allait ou dire ou entendre la messe; les
autres commissaires renvoyèrent la délibération après les
vêpres. Alors les défenseurs présentèrent à la commission une
nouvelle cédule adressée à l'archevêque de Sens, laquelle con-
tenait leur appel au Pape et au saint-siège.

Les commissaires ayant délibéré répondirent : « L'affaire
« dont l'archevêque de Sens et ses suffragants s'occupent dans
« le concile, est totalement différente et distincte de celle dont
« nous sommes chargés. Nous ignorons même de quoi il s'agira
« dans le concile; nous sommes autorisés par le saint-siège à
« remplir nos fonctions, et l'archevêque de Sens et ses suffra-
« gants le sont pareillement à tenir leur assemblée. Au premier
« aspect, il ne nous paraît pas à nous, commissaires du Pape,
« que nous ayons rien à ordonner à l'archevêque de Sens ni
« aux autres prélats, relativement aux poursuites dirigées
« contre les personnes de l'Ordre; cependant nous délibère-
« rons plus mûrement. Nous ordonnons aux notaires d'insé-
« rer votre appel dans le registre des dépositions des témoins. »

Le lendemain lundi, 11 mai, la commission s'assembla pour
continuer l'audition des témoins. L'histoire ne doit pas omettre
la déposition de Humbert du Puy, quatorzième témoin. Tandis
que l'alarme était répandue parmi les accusés, tandis que les
inquisiteurs du concile marquaient les victimes, ce Templier
eut le courage de ne pas taire que, refusant d'avouer les crimes
imputés à l'Ordre, il avait été torturé trois fois, jeté et détenu,
pendant trente-six semaines, au fond d'une tour infecte, réduit au pain et à l'eau, par ordre de Jean de Jainville, chargé
de garder les prisonniers et de les présenter à la commission.

Le jour suivant, mardi 12 mai, les commissaires procé-
daient à l'audition des témoins. Le quinzième, Jean Bortaldi,
déclarait que, par ordre de Jean de Jainville, il avait subi une
première épreuve de la question.... Tout-à-coup la commission apprend que cinquante-quatre Chevaliers qui s'étaient

présentés pour la défense de l'Ordre, sont menacés d'être livrés aux flammes. Elle ordonne sur-le-champ à l'un des préposés à la garde des Templiers, et à l'un des notaires, de se rendre auprès de l'archevêque de Sens et de ses suffragants, pour les prier d'agir avec une sage circonspection, et d'examiner s'il ne convenait pas d'accorder des délais, attendu que lui-même, préposé à la garde, et plusieurs personnes, pouvaient affirmer que les Templiers décédés en prison avaient attesté à l'heure de la mort, et au péril de leur ame, l'entière fausseté des crimes imputés à eux et à leur Ordre.

Les envoyés devaient observer encore que, si le concile de Sens passait outre, les opérations des commissaires seraient arrêtées, puisque des témoins qui avaient été présentés ce jour-là et le précédent, avaient paru si épouvantés des intentions du concile, que la commission avait jugé qu'ils n'étaient point en état de porter témoignage ; enfin, que les Templiers avaient remis un appel des procédures que faisait contre eux le concile de Sens.

On pense bien que ces remontrances ne devaient pas arrêter l'archevêque. Il est temps de dévoiler le système inique qui fut inventé, et les formes barbares qui furent employées. Plusieurs des Chevaliers qui s'étaient offerts à défendre l'Ordre, qui, sur l'invitation contenue dans la bulle du Pape, avaient consenti à être traduits à Paris, furent soudainement arrachés de leurs prisons, et traînés au milieu du concile. Les Chevaliers qui, ayant fait des aveux, les avaient ensuite révoqués, eurent le plus à craindre de ce tribunal. L'archevêque les interrogea de nouveau. Ceux que n'intimidèrent ni les menaces des inquisiteurs, ni l'aspect de la mort, et qui affirmèrent constamment l'innocence de l'Ordre, furent déclarés HÉRÉTIQUES RELAPS, livrés à la justice séculière, et condamnés au feu. Il s'en trouva cinquante-quatre. Quant aux Chevaliers qui n'avaient jamais fait d'aveux, et qui ne voulurent pas en faire, on prononça contre eux la peine de la détention, comme Templiers NON RÉCONCILIÉS. Et enfin ceux qui persistaient dans leur aveu de toutes les impiétés et de toutes les turpitudes imputées à l'Ordre, furent mis en liberté et récompensés. Ils reçurent l'absolution, et on les nomma Templiers RÉCONCILIÉS.

Arrêtons-nous un moment sur les motifs, je ne dirai pas de ce jugement inique, mais de cette horrible proscription. J'ai observé que la politique du Roi était de présenter à l'opinion publique les Templiers comme des hérétiques, afin d'avoir un prétexte pour supprimer leur ordre. Vivants, on leur refusait les secours spirituels; morts, on ne leur accordait pas la sépulture ecclésiastique. La torture avait arraché à plusieurs accusés les aveux des crimes imputés à l'Ordre. Les Chevaliers qui persistaient dans ces aveux obtenaient grace; avilis, ils n'étaient plus à craindre; le peuple et les grands ne leur devaient plus ni estime, ni pitié, ni secours. Mais révoquaient-ils les déclarations arrachées par la violence, leur rétractation accusait leurs persécuteurs : alors la subtilité des inquisiteurs imagina de les déclarer hérétiques relaps. Voici quel fut le raisonnement bizarre et cruellement ridicule de l'archevêque de Sens.

« Vous avez, disait-il, avoué que dans les réceptions des « Chevaliers, ils reniaient le Christ, crachaient sur la croix, et « que vous-mêmes aviez participé à ce crime. Vous avez reconnu « ainsi que vous étiez tombés dans l'hérésie. Par votre confes- « sion et par votre repentir, vous aviez mérité d'être absous et « d'être réconciliés à l'Église. Si vous révoquez vos confes- « sions, l'Église ne vous regarde plus comme réconciliés, mais « comme retournant à vos propres erreurs; vous êtes donc re- « laps, et les relaps sont condamnés au feu. »

Les Chevaliers pouvaient invoquer la justice, la religion, les principes de la théologie et même les codes de l'Inquisition, en répondant à l'archevêque de Sens qui présidait ce tribunal d'inquisiteurs : « Les actes publics sur lesquels vous pouvez « juger notre Ordre et nous-mêmes, ont en tous temps et en « tous lieux été conformes aux dogmes, à la morale et à la « discipline de l'Église catholique. Vous prétendez qu'en secret « nous avons des usages sacrilèges et des opinions hérétiques. « Mais comment prouvez-vous nos prétendus crimes? Par des « preuves matérielles? Non. Par le témoignage d'hommes « dignes de foi? Non. Par nos propres déclarations faites li- « brement et volontairement? Non. Vous n'avez pour toute « preuve que les déclarations qui nous ont été arrachées par la « violence des tortures.

« Nous avons révoqué ces déclarations qui étaient nulles de-
« vant la raison et devant la loi. Nous sommes donc dans la
« même position où nous étions avant qu'elles nous eussent
« été arrachées : alors nous n'étions pas hérétiques , on ne nous
« considérait pas comme tels ; pourquoi dirait-on aujourd'hui
« que nous sommes hérétiques ? pourquoi nous traiterait-on
« comme coupables d'hérésie ? Et si même vous tenez pour
« maxime qu'une rétractation libre, volontaire et dictée évi-
« demment par le sentiment de la vérité et de l'honneur ne
« détruit pas la preuve que vous supposez résulter de nos dé-
« clarations forcées et involontaires, que pouvez-vous conclure
« de l'application de cette étrange maxime à notre cause? qu'à
« vos yeux nous restons dans l'état de nos premières déclara-
« tions, c'est-à-dire, que nous sommes censés être précédem-
« ment tombés dans des erreurs ; mais sur quoi vous fondez-
« vous en nous accusant d'y être retombés, d'être relaps ? Le
« relaps est celui qui, étant tombé dans une erreur, l'ayant
« avouée et ayant été absous, retombe dans la même erreur
« en violant le serment qu'il avait fait de s'en garantir.

    « Depuis que nous sommes dans les fers, avons-nous de
« nouveau commis les prétendues impiétés dont nous avons
« été accusés ? Le prouvez-vous ? non, sans doute : vous n'o-
« sez pas même le supposer. Et c'est pour nous juger et pour
« nous condamner comme relaps, que vous nous enlevez à
« nos juges naturels, à nos conciles diocésains ou provinciaux !
« Quel droit avez-vous de violer ainsi l'ordre des juridictions ?
« Loin de vous, nous attendions au fond de nos cachots le
« jour tardif de la justice. Nous avons cru qu'il était arrivé,
« et nous n'avons consenti à être traduits à Paris que pour
« défendre l'Ordre, comme la bulle du pontife romain nous
« en donne la permission et le droit ; que pour attester l'inno-
« cence de l'Ordre et la nôtre, et faire nos déclarations so-
« lennelles de catholicité. Ne nous a-t-on offert cette espé-
« rance que pour nous livrer à des juges qui ne sont pas les
« nôtres, et qui nous offrent grace et liberté si, pour sauver
« notre vie, nous avons la faiblesse coupable de répéter des
« déclarations mensongères, tandis qu'ils nous menacent de la
« mort si nous persistons à nous dire innocents, ainsi que

« l'exigent la vertu, l'honneur, la vérité, et sur-tout le salut
« éternel de nos ames. Nous avons déclaré devant les commis-
« saires du Pape, nous déclarons devant votre assemblée, toute
« illégale qu'elle est, que nous avons toujours été, que nous
« sommes, et que nous serons toujours soumis d'esprit et de
« cœur à la foi catholique et aux dogmes de l'Église. »

Tel fut le cri des cinquante-quatre Chevaliers, telles étaient
les raisons, tels étaient les sentiments qui auraient dû parler
à la conscience des juges. Mais, quoique jamais le nom de
relaps n'eût été appliqué à des accusés qui affirmaient avoir
toujours été unis de fait et d'intention à l'Église, et qui se
bornaient à rétracter des aveux que la torture avait arrachés,
on crut qu'arracher le mot, c'était prouver la chose.

Il paraît que cette question avait été agitée à la cour du
Pape. Je trouve dans les archives du Vatican une consultation
décidant, entre autres questions, que les Templiers qui ont
rétracté leurs premiers aveux ne peuvent pas être déclarés relaps. Le concile de Ravenne et d'autres conciles assemblés
pour l'affaire des Templiers, le décidèrent formellement de
même; mais l'archevêque de Sens ne cherchait qu'un prétexte;
et, pourvu qu'il immolât les intrépides défenseurs de l'Ordre,
peu lui importait de commettre une injustice également cruelle
et bizarre. Les Templiers NON RÉCONCILIÉS condamnés à la
prison perpétuelle, subissaient à-la-fois l'exclusion de la société civile et de la société religieuse. Enfin, pour compléter
le scandale, on accorde la liberté et même des récompenses à
ceux qui, ayant fait des aveux, y persistaient !....

Ému d'indignation, j'allais dénoncer au tribunal de la postérité ce Philippe de Marigny, et faire subir à son nom l'in-
famie qu'il a méritée; mais l'histoire du temps m'apprend qu'il
trouva, même dans sa vie mortelle, la punition de son crime.
Coupable d'avoir autorisé une grande injustice, il vit sa
propre famille victime d'une injustice aussi extraordinaire.
Son frère Enguerrand, après la mort de Philippe-le-Bel, eut à
expier la faveur dont il avait joui pendant un règne entier.
Accusé de malversation, il fut, grace à son innocence ou au
reste de son crédit, absous par des juges qui résistèrent à l'influence de la Cour; mais on mit alors en usage les grands

moyens que lui-même avait employés contre les Templiers. Enguerrand fut accusé d'irréligion, de sorcellerie : l'absurdité de l'imputation en rendit la preuve plus facile; ni le crédit, ni les larmes de son frère, l'archevêque de Sens, ne purent sauver ce fameux disgracié. Il fut pendu comme sorcier, au gibet de Montfaucon, que lui-même avait jadis fait élever. Depuis le supplice de son frère, l'archevêque de Sens vécut dans la douleur et l'opprobre, et ne vécut pas long-temps.... Je m'arrête....

Quoiqu'il n'existe que peu de documents relatifs à ce jugement des Templiers, je crois être heureusement parvenu, par une suite de recherches et de combinaisons, à découvrir les noms de la plupart de ces vénérables victimes.

Noms de plusieurs des Templiers brûlés à Paris.

Gaucerand de Buris, Gautier de Bullens, Guido de Nici, Jacques de Sancy, Henry d'Anglesi, Laurent de Beaune, Martin de Nici, Raoul de Frémi.

André de Berri, Clément de Tournon, Étienne d'Espanhey, Étienne de Volenes, Guillaume Arnaud, Guillaume de Beaune, Guillaume de Buris, Guillaume de Gondi, Guillaume de Grana, Jacques de Rougemont, Jean de Chames, Jean de Buris, Jean de Foresta, Jean le Ganeur, Jean Lemoine, Jean de Montbellet, Jean de Mansinval (prêtre), Jean de Sornay, Jean de Villars, Martin d'Arras, Martin de Caneyes, Mathieu de l'Étang, Mathieu Renaud, Nicolas d'Amiens, Nicolas de Celle, Nicolas du Pui, Pierre Amolard, Pierre de Catalone, Pierre de Cormeille, Pierre des Fontaines, Pierre de Montigny, Pierre de Troyes, Ponsard de Gisi, Raoul de Grandvillars, Raymond Bernard, Raymond Bertrand, Roger de Grandvillars, Roger de Marseille.

Ces Chevaliers se montrèrent dignes d'un meilleur sort, ou plutôt de cette grande épreuve du malheur. Tous les historiens qui ont parlé de leur supplice, quelque opinion qu'ils aient eue, amis ou ennemis, nationaux ou étrangers, ont unanimement attesté le vertueux courage, la noble intrépidité, la résignation religieuse que montrèrent jusqu'au dernier moment ces martyrs de l'honneur. Arrivés au lieu du supplice, ils voient les bûchers préparés, les torches déjà fumantes et agitées par les bourreaux : ces Chevaliers ne se déconcertent pas. En vain un envoyé du Roi proclame la grace et la liberté de tous ceux qui ne persisteraient plus dans leurs rétractations ; en vain les amis et les parents de ces infortunés, par les prières et les larmes, portaient l'attendrissement dans leurs cœurs : offres, menaces du Roi, prières, larmes des parents et amis, rien ne les ébranle ; invoquant Dieu, la Vierge et les Saints, ils entonnent l'hymne de la mort ; triomphant des plus cruelles douleurs, ils se croient déjà dans les cieux, et leurs ames s'exhalent avec leurs derniers chants. Telle fut la fin honorable de ces illustres victimes ; leur sort fut décidé dans l'espace du lundi 11 mai 1310 au lendemain matin. C'eût été trop peu de temps pour des juges, c'en fut assez pour des inquisiteurs.

Comment peindre les sentiments qui agitèrent le grand-maître, lorsqu'au fond de sa prison il apprit les nouveaux périls de ses vertueux Chevaliers, sans qu'il lui fût possible de leur accorder l'encouragement d'un seul mot, ou la récompense d'un seul regard ! Plus malheureux, plus maltraité qu'aucun d'eux, il ne lui restait plus d'autre espoir que celui de marcher au bûcher après ses Chevaliers, puisqu'on lui avait ravi la gloire de les précéder. En vain le Pape s'était-il réservé son jugement, en vain les commissaires avaient-ils promis de présenter sa demande ou plutôt sa prière réitérée d'être jugé : l'infortuné grand-maître n'obtint ni justice ni pitié. Il est aisé de concevoir la consternation que le supplice de tant d'illustres Chevaliers causa parmi les autres accusés. Je crois ne pouvoir mieux la peindre qu'en traduisant les actes de la commission papale.

Le mercredi 13 mai, est amené Aymeric de Villars-le-Duc, âgé de cinquante ans ou environ, devant les commissaires. Ils lui expliquent les articles sur lesquels il doit déposer. Ce témoin, pâle et extraordinairement épouvanté, répond : » Je « parle d'après mon serment de dire la vérité au péril de mon « ame ; si je mens, que la mort me frappe soudain, et qu'en « votre présence, je sois absorbé en corps et en ame dans

« l'enfer. » Il frappe alors sa poitrine avec ses poings ; tend ses mains vers l'autel, fléchit les genoux, et s'écrie : « Je persiste « à soutenir que les erreurs imputées aux Templiers sont de « toute fausseté, quoique moi-même j'en aie avoué quelques- « unes, vaincu par les tortures qu'avaient ordonnées contre « moi G. de Marcillac et Hugues de Celle, chevaliers du Roi. « J'ai vu conduire sur des chariots les cinquante-quatre Che- « valiers pour être livrés aux flammes, parce qu'ils n'avaient « pas voulu faire les aveux exigés ; j'ai appris qu'ils ont été « brûlés, et je doute si je pourrais avoir comme eux la noble « constance de braver le bûcher ; je crois que si l'on m'en me- « naçait, je déposerais à serment devant la commission, et « devant toutes les autres personnes qui m'interrogeraient, « que ces mêmes erreurs imputées à l'Ordre sont vraies ; je « tuerais Dieu lui-même, si on l'exigeait. »

Alors il adjure, il supplie les commissaires et les notaires qui sont présents, de ne pas révéler aux officiers du Roi et aux gardiens des Templiers, les paroles qui lui échappent, parce qu'il craint que si ces gardiens en étaient instruits, il ne fût livré au même supplice que les cinquante-quatre. Quelle candeur dans ce désespoir ! quelle vérité, quel courage dans cette terreur ! Une pareille déposition suffirait pour justifier l'Ordre contre les mensonges de tous les apostats qui ne déposent que pour éviter la mort ou obtenir le salaire du mensonge.

Les commissaires que touche le désespoir de ce témoin, reconnaissent que les autres sont frappés d'une égale terreur ; ils déclarent que la veille un témoin déjà entendu était retourné vers eux, et les avait suppliés de tenir secrète sa déposition, attendu l'extrême danger dont il était menacé, si elle était connue. Considérant que si l'information était continuée dans ces circonstances, il y avait à craindre pour les témoins et pour l'affaire ; et enfin cédant à d'autres motifs qu'ils n'expliquèrent pas, les commissaires délibérèrent de suspendre l'audition des témoins.

On pense bien que dans cet état de crainte et de stupeur, les agents du Roi qui avaient offert jusqu'au pied des bûchers la grace des Templiers, redoublèrent les menaces et les protestations pour obtenir le désistement des nombreux accusés qui avaient demandé à défendre l'Ordre. Sera-t-on surpris qu'un petit nombre ait renoncé à cette noble et périlleuse mission ? Quarante-sept se désistèrent de leur qualité de défenseurs ; au lieu d'accuser leur faiblesse, j'admire la vertu de tous ceux qui ne l'ont pas imitée : on ne doutera pas des moyens employés à leur égard. Nous devons regarder leur constance comme un nouveau triomphe de la vertu. Le 21 mai, les commissaires s'assemblèrent en l'absence de l'archevêque de Narbonne et de l'archidiacre de Trente ; ils déclarèrent suspendre entièrement leurs opérations, et s'ajournèrent au 3 novembre suivant.

Il n'est pas besoin d'expliquer cette interruption de la procédure. Les commissaires montrèrent dans cet acte de prudence la seule énergie que permissent les circonstances. C'était peut-être un courage peu commun que de ne pas applaudir à cette proscription juridique. Les victimes qu'immola l'archevêque Philippe de Marigny dans le concile de Sens, ont obtenu de moi un juste hommage de regrets et de vénération ; j'ose croire que mes lecteurs partagent ces sentiments. Mais combien inspirent plus d'intérêt encore les victimes condamnées par les autres conciles qui eurent la cruauté d'imiter le premier !

Pierre de Courtenai, archevêque de Reims, présida le concile de Senlis. Les bûchers furent rallumés, neuf Chevaliers y montèrent. Que ne puis-je ressusciter les noms de tous, et les présenter aux hommages de la postérité ! Je m'applaudis du moins de pouvoir nommer Clément de Grand-Villars et Luc de Sornai, deux des Chevaliers qui s'étaient présentés à Paris pour la défense de l'Ordre. C'est dans la déposition de Roger de Grand-Villars, parent de Clément, qu'il est parlé de la mort de ces deux Chevaliers ; j'aime à reconnaître le respect qu'inspirent la vertu et le malheur. Le témoin qui a la faiblesse coupable de dire que sa réception dans l'Ordre eut lieu dans la forme illicite, ne manque pas, en nommant ces deux Chevaliers, d'ajouter que l'un et l'autre, après leur détention, lui avaient certifié avoir été reçus dans une forme licite. Ainsi, quand pour sauver ses jours il se permet des déclarations extravagantes, touchant sa propre réception, il a du moins le courage de respecter la vertu de ces deux victimes; il semble craindre que son silence équivoque ne profane leur martyre.

La procédure offre d'autres témoignages de respect pour les Chevaliers qui périrent sur les bûchers. Le quatre-vingt-dix-huitième témoin, P. de Cercelle dépose : « Je vis recevoir dans « la chapelle de la maison du Temple à Troyes, Jacques de « Sanci qui a été brûlé à Paris. Lors de cette réception, je « n'aperçus rien d'illicite, et depuis je n'ai pas entendu dire « qu'il s'y fût rien passé de tel. » Le soixante-quinzième té-moin, Jean de Buffevant, s'exprime en ces termes : « J'ai as-« sisté à la réception d'Henri d'Anglesi, Chevalier brûlé à « Paris. On ne fit, on ne dit rien d'illicite dans cette cérémo-« nie. » Et cependant ces deux témoins, pour racheter leur vie, déclaraient qu'ils furent eux-mêmes reçus dans la forme illicite ! Si les désordres imputés aux Chevaliers avaient véri-tablement existé, ces deux témoins auraient-ils manqué d'ob-server que Jacques de Sanci et Henri d'Anglesi avaient péri coupables ? Mais le cri impérieux de la conscience qui s'éle-vait en faveur des victimes, l'emportait sur toute autre con-sidération.

L'archevêque de Rouen, Bernard de Farges, présida au Pont-de-l'Arche un autre concile contre les Templiers. La Chronique de Maneval assure qu'on exécuta les ordres du Pape contre les coupables ; plusieurs Chevaliers furent condamnés aux flammes. Pierre de Rochefort, évêque de Carcassonne, as-sembla aussi un concile diocésain. Parmi les nombreuses vic-times qui périrent, l'histoire a nommé Jean Cassanhas, com-mandeur à Carcassonne. En Lorraine, le duc Thiébault fit exécuter un grand nombre de Templiers, dit l'auteur de l'his-toire manuscrite de ce prince, et il s'appropria la majeure partie de leurs biens. Thiébault était très-lié avec Philippe-le-Bel. Après tant de cruelles exécutions, l'archevêque de Sens n'était pas encore satisfait; il convoqua un second concile contre les Templiers au 18 août 1310. Les bûchers dévorèrent encore quatre victimes.

Quels hommages ne devons-nous pas à ces intrépides mar-

tyrs de la vérité et de l'honneur, qui comparurent devant les
conciles assemblés à Senlis, au Pont-de-l'Arche, à Carcassonne, dans le reste de la France, dans les États du duc de
Lorraine, à des époques où l'exemple des cruautés commises
à Paris envers les Chevaliers pouvait intimider les plus fermes
courages! Ces nouveaux proscrits eurent la vertu de n'écouter
que leur devoir et de se dévouer aux bûchers, connaissant
d'avance le sort qui les attendait. Que les cinquante-quatre de
Paris, passant tout-à-coup du fond de leurs cachots devant
le tribunal, aient opposé une constance inébranlable aux menaces, aux offres des juges et du Monarque, aux prières et
aux larmes de leurs amis, c'est un beau dévouement sans
doute; mais du moins il leur a suffi de combattre pendant
quelques heures, et ils sont arrivés de suite aux triomphes de
la mort; une seule nuit a passé entre leur accusation, leurs
interrogatoires, leurs réponses, leur jugement et leur illustre
supplice.

Mais dans les autres lieux de la France, ceux des Chevaliers
qui cédaient au sentiment de leur devoir, au respect pour la
vérité, ont, depuis la catastrophe de Paris, contemplé solitai-
rement, pendant des mois entiers, chaque jour, chaque heure,
chaque instant, le bûcher qui les attendait; et, pour n'être pas
découragés, il leur fallait non-seulement une constance qui
bravât le malheur, mais, si j'ose le dire, une vertu qui d'a-
vance sût jouir de la gloire du supplice. Dans ces divers conciles, on imitait en tout l'exemple du premier concile de Sens.
Ceux des Chevaliers qui persistaient dans leur rétractation, qui
attestaient leur innocence et celle de l'Ordre, étaient déclarés
relaps et condamnés au feu. Ceux qui n'avaient jamais fait
d'aveux, et qui persistaient dans leurs dénégations, étaient
condamnés à la prison et la subissaient comme NON RÉCONCI-
LIÉS; et les apostats de l'Ordre obtenaient la liberté.

Détournons un instant nos regards de la France. Tandis que
les bûchers y fumaient encore, le concile de Ravenne s'assemblait : neuf Chevaliers y comparurent; ils déclarèrent que
ni l'Ordre ni eux n'étaient coupables : leur dénégation fut
ferme et constante. Le concile examina d'abord s'il fallait les
livrer aux tortures. Deux Dominicains inquisiteurs qui assis-

5

taient au concile opinèrent à donner la question ; les autres
membres furent d'un avis contraire. Le lendemain, tous les
avis s'accordèrent à décider qu'il fallait punir les coupables
selon les lois, et absoudre les innocents ; mais qu'il fallait ranger parmi les innocents ceux qui ayant fait des aveux par la
crainte des tourments, les avaient ensuite révoqués, ou qui
prouveraient que la continuité de cette crainte les avait jusqu'alors empêchés de se rétracter.

En Allemagne, un concile avait été assemblé à Mayence
pour prononcer sur le sort des Templiers. Le concile s'occu-
pait de l'affaire : soudain se présente le commandeur Hugues
Sauvage, accompagné de vingt Chevaliers, tous en armes et
en habits de l'Ordre ; ils pénètrent dans l'assemblée ; les pères
sont dans l'étonnement et dans la crainte ; l'archevêque qui
présidait ordonne avec politesse au commandeur de s'asseoir,
et d'expliquer ce qu'il désire. Le commandeur répond d'une
voix ferme et tranquille : « Ces Chevaliers et moi nous avons
« appris que, par commission du Pontife romain, ce synode
« était assemblé pour abolir notre Ordre. On nous accuse,
« dit-on, de crimes horribles et de vices qui déshonoreraient
« même les païens ; il nous serait trop pénible, il nous serait
« même insupportable de les énoncer en public ; mais ce dont
« nous nous plaignons sur-tout, c'est que les Chevaliers soient
« condamnés sans être ni entendus ni convaincus. Nous décla-
« rons à cette assemblée nous rendre appelants devant le Pape
« futur et son Église. Nous attestons hautement que ceux de
« notre Ordre qui ont été condamnés aux flammes sous le
« prétexte de tels crimes, les ont constamment niés sans ex-
« ception, et ont souffert la torture et la mort en persistant
« dans leurs dénégations. »

L'archevêque admit cette protestation, leur promit d'agir
auprès du Pape pour obtenir qu'ils ne fussent pas inquiétés,
et les renvoya ; ensuite il reçut du Pontife une nouvelle commission, et il procéda de nouveau. Quarante-neuf témoins
comparurent, dont trente-huit Templiers, et les autres étrangers à l'Ordre, et recommandables par le rang qu'ils tenaient
dans le monde ou dans l'Église. Tous attestèrent également
l'innocence de l'Ordre, et le concile prononça en faveur des

accusés. L'information prise à Trèves justifia aussi l'Ordre et les Chevaliers. De dix-sept témoins qui la composaient, trois seulement étaient Templiers.

Vers le même temps, le sort de plusieurs Templiers espagnols était réglé dans le concile de Salamanque. L'archevêque de Tolède le présidait; on y comptait onze évêques. L'enquête contre l'Ordre et les Chevaliers avait été prise à Medina-del-Campo, par l'archevêque de Compostelle et son adjoint. Les Templiers du royaume de Castille et de Léon avaient été cités. Trente Chevaliers attestèrent l'innocence de l'Ordre. Trois prêtres étrangers à l'Ordre furent entendus; l'un d'eux fit une déposition très-remarquable : il déclara qu'ayant été le confesseur de plusieurs Templiers, les ayant assistés à leurs derniers moments, il s'était ainsi convaincu de leur catholicité. Après une mûre discussion de l'affaire, les suffrages des juges furent unanimes et déclarèrent les Templiers innocents.

Les Templiers avaient été poursuivis jusques dans l'île de Chypre. En mai et en juin 1310, on y entendit un grand nombre de témoins étrangers à l'Ordre; tous étaient des personnes considérables par leur naissance, leurs dignités ou leur état; tous déposèrent en faveur de l'Ordre et des Chevaliers. Ceux-ci, au nombre de soixante-quinze, et des plus distingués de l'Ordre, se montrèrent dignes du bon témoignage qu'on rendait d'eux; ils attestèrent unanimement l'innocence de l'Ordre. Ainsi la justice et l'humanité, exilées de la France, proclamaient dans les autres royaumes, d'une manière solennelle, l'innocence des Templiers.

En vain Philippe-le-Bel, beau-père du jeune Édouard, essaya d'inspirer à ce prince de funestes préventions contre les Templiers anglais; en vain fit-il passer des agents en Angleterre; en vain envoya-t-il des renseignements et la copie des aveux obtenus par les inquisiteurs français : en Angleterre et en Irlande, les Chevaliers soutinrent l'innocence de l'Ordre; et, quoique condamnés aux tortures, ils furent fermes et constants dans leurs dénégations. Le concile de Londres s'était assemblé en 1309 et 1310. Quarante-sept Templiers interrogés avaient unanimement protesté de leur innocence. On propo-

5.

sait à quelques Chevaliers de sortir de l'Ordre; ils répondirent : Plutôt mourir; l'un d'eux, reçu seulement onze jours
avant l'arrestation, ajouta : « Quoiqu'en rentrant dans le
« monde j'eusse assez de fortune pour y vivre honorablement
« sans le secours de l'Ordre. »

On demande à un Chevalier si l'Ordre n'a pas besoin d'une
réforme. Il la borne à deux points : « Un an d'épreuves et la
« publicité des réceptions. » A peine trouve-t-on à recueillir
contre l'Ordre trois fausses dépositions de Templiers apostats,
qualifiés tels par les juges eux-mêmes. Thomas de la Moore,
grand-prieur d'Angleterre et d'Écosse, Himbert Blancke,
grand-prieur d'Auvergne, montrèrent un caractère et une
vertu a l'épreuve du malheur et de la persécution. Le concile
de Londres ordonna, après de longues discussions, que les
Templiers fussent séparés les uns des autres, interrogés de
nouveau, et que ceux qui persisteraient dans leurs dénégations fussent livrés aux tortures, de manière toutefois qu'il
n'y eût ni mutilation de membres, ni blessure incurable, ni
violente effusion de sang.

Ne soyons pas étonnés de cette décision; Clément V avait
écrit au roi d'Angleterre en ces termes : « Vous avez défendu
« qu'on employât les tortures dans les procès contre l'Ordre
« et les Chevaliers : aussi les Templiers refusent, dit-on, d'a-
« vouer la vérité. O mon cher fils ! considérez attentivement
« et prudemment si cela convient à votre honneur, à votre
« salut et à l'état de votre royaume. » Ni les menaces ni les
tortures n'ébranlèrent la constance des Chevaliers. Ils furent
de nouveau interrogés, au moment même où la nouvelle de
ce qui s'était passé en France aurait pu intimider de moins
fermes courages : ils persistèrent.

Nous verrons dans la suite comment ils furent jugés définitivement par des conciles qui surent accorder les intérêts de la
politique avec le respect que méritent la vertu et le malheur.
Je l'ai observé, et je crois devoir l'observer encore; tandis
qu'en France les Templiers étaient traités avec tant d'inhu-
manité, il semblait que dans le reste de l'Europe l'équité des
princes, l'impartialité des ministres de la religion et des lois,
et la constance des Chevaliers, se fussent réunies pour attester

l'innocence des Chevaliers français qui étaient morts ou, qui souffraient encore en martyrs. Cette circonstance offre une raison décisive en faveur des Templiers français. C'étaient les statuts de l'Ordre que ses persécuteurs voulaient faire condamner en proscrivant les Chevaliers. Ces statuts n'étaient pas pour la France autres que pour les pays étrangers. Si en Italie, en Angleterre, en Allemagne, en Espagne, en Chypre, on ne condamnait pas les Chevaliers, on prononçait donc que ni eux ni leurs statuts n'étaient criminels. Que penser alors de l'acharnement avec lequel on les poursuivait en France ?

Le 3 novembre 1310, trois des commissaires du Pape, l'évêque de Ménde, les archidiacres de Rouen et de Trente, se rassemblent à Paris ; ils demandent si quelqu'un veut défendre l'Ordre des Templiers. Personne ne se présente. L'archevêque de Narbonne avait quitté Paris pour les affaires du Roi, dont il tenait les sceaux ; l'évêque de Bayeux était allé auprès du Pape par ordre du Roi, pour affaires difficiles ; et l'archidiacre de Maguelonne se trouvait, disait-on, malade à Montpellier ; l'évêque de Limoges, en se rendant à Paris, était retourné sur ses pas, d'après des lettres du Roi portant qu'il ne convenait pas, pour certaines raisons, de s'occuper de l'affaire des Templiers, jusqu'à ce que le prochain parlement fût assemblé : ce parlement devait s'assembler le lendemain de la fête de Saint-Vincent.

Le 27 décembre, la commission reprend ses séances à Paris ; elle appelle Guillaume de Chambonnet et Bertrand de Sartiges pour assister à l'audition des témoins ; ces Chevaliers réclament la présence de Raynaud de Pruino et de Pierre de Boulogne, et déclarent qu'ils persistent dans leur précédent appel ; ajoutant que s'ils étaient libres et rétablis dans leurs biens, ils défendraient volontiers l'Ordre. On leur annonce que Raynaud de Pruino et Pierre de Boulogne ont solennellement renoncé à la défense de l'Ordre, et révoqué leur rétractation ; que Pierre de Boulogne s'est échappé de sa prison et a disparu, et que Raynaud de Pruino ne peut pas être admis à défendre l'Ordre, puisqu'il a été dégradé au concile de Sens. Guillaume de Chambonnet et Bertrand de Sartiges persistent dans leur refus d'assister à la séance, s'ils n'ont avec eux leurs deux collègues ; et, pour ne pas préjudicier à leur appel, ils se retirent.

La commission continua la procédure et elle entendit des témoins jusqu'au 26 mai 1311. Avant d'entrer dans la discussion des dépositions, il ne sera pas inutile de faire remarquer qu'un nombre très-considérable de témoins déjà admis au serment ne furent pas entendus par les commissaires. Peut-on ne pas adopter l'opinion très-vraisemblable que les agents du Roi, qui seuls administraient les témoins, avaient trouvé quelque danger à présenter des personnes dont ils redoutaient la sincérité ?

En comprenant les seize témoins entendus avant l'interruption des séances, l'information se trouve composée de deux cent trente-un témoins. Les deux tiers environ avouent, avec plus ou moins de détails, les principaux chefs d'accusation. La plus grande partie de ceux qui font des aveux disent que lors de la réception des Chevaliers on exigeait qu'ils reniassent Dieu ou le Christ, et qu'ils crachassent trois fois sur le crucifix. Ceux qui déclarent qu'on exigea qu'ils crachassent sur le crucifix, prétendent qu'ils ont craché à côté et non dessus. Ceux qui déclarent avoir renié Dieu, observent qu'ils ont renié de bouche et non de cœur. Quelques-uns disent qu'ils furent autorisés à se livrer à des mœurs licencieuses et criminelles ; mais ils ont soin d'attester qu'ils n'ont jamais profité de cette coupable autorisation. D'autres parlent de la tête, de l'idole, de l'apparition et de l'adoration du chat.

A l'époque où les commissaires reprenaient la procédure, tout était changé. Les bûchers allumés dans Paris et dans plusieurs autres villes de France avaient consumé les plus intrépides défenseurs de l'Ordre ; un grand nombre de dignes Chevaliers expiaient dans les prisons leur généreux et constant dévouement à la vérité, à l'honneur et à la religion. Ne recevant que douze deniers par jour, dont même on ne leur laissait pas l'administration, ils vivaient excommuniés : on leur refusait les secours et les consolations de la religion ; leur vertu était réduite à se suffire à elle-même.

On se garda bien de les appeler en témoins devant les commissaires ; on ne présenta que la lie de l'Ordre, les apostats,

ceux qui, pour sauver leur vie, s'étaient honteusement glori-
fiés, devant les conciles provinciaux, de déposer leurs man-
teaux; et encore, pour en trouver environ deux cents, fallut-
il choisir et recruter le mensonge dans les divers points de
la France, en sorte que les officiers du Roi, qui seuls avaient
la charge d'appeler, de traduire et d'administrer les témoins,
ne présentèrent aux commissaires que des hommes déja gagnés
ou intimidés, qui étaient engagés par leurs dépositions faites
devant les conciles provinciaux de Sens, Senlis, Reims,
Rouen, etc, devant les évêques d'Amiens, Cavaillon, Clermont,
Chartres, Limoges, du Puy, du Mans, de Mâcon, Maguelonne,
Nevers, Orléans, Périgord, Paris, Poitiers, Rhodez, Saintes,
Soissons, Toul, et devant l'archevêque de Tours, etc. etc.

Tremblant d'encourir la mort à la moindre variation, ils
commencent presque tous par déclarer aux commissaires qu'ils
n'entendent point s'écarter de la déposition qu'ils ont déja
faite devant tel évêque ou dans tel concile. Et toutefois, ô
force de la vérité! ô ascendant de la vertu! il s'en trouve qui,
malgré la terreur qu'inspirait le supplice récent des victimes,
malgré les menaces et les promesses des officiers du Roi, osent
se plaindre devant la commission d'avoir été torturés; et ré-
voquant les aveux qu'on leur avait arrachés, attestent à leur
tour l'innocence de l'Ordre. Je crois devoir les nommer :

AUDEBERT DE PORTE, 189e témoin. — Il pleura long-temps
en déposant; il demanda qu'on lui sauvât la vie; il dit qu'ayant
été torturé par l'official de Poitiers, il avait fait des aveux.

BARTHÉLEMI DE PUY REVEL, 161e témoin.

ÉLIE COSTILI, 206e témoin. — Il avait fait des aveux devant
l'évêque de Saintes.

ÉLIE RAYNAUD, 129e témoin. — Révoqua les aveux faits devant l'évêque de Saintes.

GÉRARD DE ANGUNHAR, 154e témoin. — Il déclara qu'il était
venu à Paris pour la défense de l'Ordre, et qu'il n'y avait point
été admis.

GUILLAUME DE LIÈGE, 124e témoin. — Âgé de quatre-vingts
ans, amené de la Rochelle, attesta qu'il avait reçu un grand
nombre de Chevaliers, mais dans la forme licite.

GUILLAUME DE NICI, 126e témoin. — Reçu depuis cinquante-deux ans, révoqua les aveux qu'il n'avait faits devant l'évêque de Saintes, qu'après avoir été tenu long-temps au pain et à l'eau. Il avait présidé à beaucoup de réceptions, toutes licites.

GUILLAUME DE TERRAGE, 125ᵉ témoin.—Dit avoir été reçu d'une manière licite, et n'avoir vu que de semblables réceptions.

HUMBERT DU PUY, 114ᵉ témoin.

JEAN DE RUMPREY, 74ᵉ témoin.

PIERRE DE SAINT-BENOÎT, 159ᵉ témoin.

PIERRE DE THÉOBALDI, 128ᵉ témoin.—Rétracta les aveux faits devant l'évêque de Saintes.

REYNIER DE LARCHANT, 70ᵉ témoin.—Rétracta les aveux faits devant l'évêque de Saintes.

ROBERT DE VIGERIE, 76ᵉ témoin.

THOMAS DE PAMPELUNE, 127ᵉ témoin.

Malgré le péril imminent, ces intrépides Chevaliers osent déposer en faveur de l'Ordre, et se plaindre des violences et des tortures. En lisant l'information, on admire leur courage; et lorsqu'on serait indigné contre la pusillanimité de ceux qui ne cherchent qu'à racheter leur vie, on pardonne à la faiblesse humaine, et on se console avec ces généreux martyrs du devoir. Sera-t-on surpris d'apprendre qu'après ceux que je viens de recommander à l'estime publique, il s'en trouve encore quelques autres qui avaient tenu le même langage, mais qui vinrent successivement le révoquer et se ranger de nouveau dans la classe de ceux qui avaient fait des aveux? Cette variation démontre évidemment l'influence toujours active des agents du Roi, et la vertu des Chevaliers qui, résistant sans cesse à cette influence, sortaient victorieux de cette lutte pénible.

Il importe de présenter ce tableau; il appartient à l'histoire de ce grand évènement et sert à l'expliquer. Jean de Cormeilhes est interrogé sur la forme de sa réception. Il ne veut pas répondre; il demande aux commissaires de leur parler en secret. Il est refusé. Alors il se plaint d'avoir été torturé, et demande un délai pour achever sa déposition; ce délai lui est accordé. Le lendemain il reparaît pour renouveler l'aveu que sa réception avait été faite dans la forme illicite. Martin de Montrichard, Jean Durand, Jean de Ruans, après s'être placés sur la ligne honorable des défenseurs de l'Ordre, et avoir rétracté leurs aveux, revinrent peu de jours après, et révoquèrent leur rétractation.

Le trente-septième témoin, Jean de Pollencourt, avait déja commencé sa déposition, et déclaré persister dans les aveux qu'il avait faits devant l'évêque d'Amiens, tels que le reniement, etc. etc. Les commissaires rapportent ce qui se passa en cet instant : « Ce témoin était tout pâle. — Nous l'invitâmes à « dire la vérité et à sauver son ame, plutôt que de s'en tenir à « ses aveux, s'ils n'étaient pas sincères : nous l'assurâmes qu'il « ne courait aucun risque de dire enfin la vérité, parce que ni « nous, ni les notaires présents, ne révèlerions en aucune ma- « nière sa déposition. » Après quelques intervalles, il répondit : « Je déclare donc au péril de mon ame et sous le serment que « j'ai prêté, que dans ma réception je n'ai ni renié Dieu, ni « craché sur la croix, ni commis les indécences dont on nous « accuse, que je n'en ai point été requis. Il est vrai que j'ai « fait des aveux devant les inquisiteurs, mais par crainte de « la mort, et parce que Gilles de Rotangi m'avait dit en pleu- « rant, ainsi qu'à plusieurs autres qui étaient avec moi dans « la prison de Montreuil, que nous paierions de notre vie, si « nous ne concourions par nos aveux à la destruction de l'Or- « dre. Je cédai ; et ensuite je voulus me confesser à l'évêque « d'Amiens ; il m'adressa à un frère-mineur ; je m'accusai de « ce mensonge, et j'en obtins l'absolution, à condition que je « ne ferais plus de fausse déposition dans cette affaire. Je vous « dis la vérité ; je persiste à l'attester devant vous, quoi qu'il « puisse m'en arriver : je préfère mon ame à mon corps. »

On ne disconviendra pas que cette déposition ne porte avec elle un caractère de sincérité touchante. Trois jours se passent, le témoin retourne vers les commissaires, il révoque sa ré- tractation, et confirme ses premiers aveux. Il est évident que pendant les trois jours d'intervalle, il avait été ou menacé ou torturé. Son esprit est égaré... Dans sa nouvelle déposition, il va jusqu'à parler du chat qui venait dans le chapitre ; il déclare que si on ne détruisait pas l'Ordre, il voudrait en sortir.

Quel juge accorderait la moindre confiance à de pareils témoins ! Et c'est d'après de telles preuves que l'on espérait former l'opinion du concile-général et celle de l'histoire ! L'époque où ce concile-général devait s'assembler à Vienne avait été prorogée : enfin s'approchait le jour fixé par la nouvelle convocation.

L'Ordre avait déja péri en partie avec les braves Chevaliers qui, dans les tortures ou les bûchers, étaient morts en attestant son innocence. S'il subsistait encore en France, c'était dans les illustres fugitifs qui avaient échappé aux poursuites de leurs oppresseurs, dans ces honorables captifs, et sur-tout dans cet infortuné grand-maître qui, séparés du monde et des autels, trouvaient au fond des prisons un trépas anticipé : mais il était entièrement aboli pour deux cents apostats dont on soudoyait la lâcheté et le mensonge, en leur laissant une vie qu'ils avaient déshonorée, et quelques bienfaits qui étaient pour eux un plus grand opprobre. Cependant leurs dépositions, évidemment mensongères, avaient seules motivé ces préventions défavorables, successivement adoptées par ces écrivains qui n'osent soumettre au jugement de la raison les actes et les décisions de l'autorité, sur-tout de l'autorité religieuse.

Citerai-je une foule d'exemples choisis parmi des auteurs, soit français, soit étrangers, qui ont eu le sentiment de la grande injustice commise envers les Chevaliers du Temple, et qui ont craint de la trop manifester ? Il suffira de rapporter ce passage de Pasquier : « L'idolâtrie des Templiers qui fut « condamnée au concile de Vienne.... encore que je sache bien « QUE QUELQUES-UNS ONT ESTIMÉ QU'EN CETTE AFFAIRE, IL Y « EUT JE NE SAIS QUOI DE L'HOMME ; TOUTEFOIS PUISQUE CES « TEMPLIERS FURENT CONDAMNÉS PAR UN CONCILE GÉNÉRAL, JE « VEUX CROIRE QUE CE NE FUT PAS SANS JUSTE SUJET. »

Je pense que le simple récit des faits, la seule analyse de cette procédure, et le fidèle exposé des moyens employés pour opprimer et perdre l'Ordre et les Chevaliers, ont donné à tout homme juste et impartial la conviction que les Templiers furent les victimes de la politique et de l'avarice d'un roi, et de la faiblesse d'un pontife. Cependant je ne me borne pas à invoquer cette autorité de sentiment, cet instinct de justice, cette évidence de raison qui semblent me dispenser de toute discussion ; je puiserai dans les dépositions mêmes faites devant la commission papale, un système de défense qui démontrera qu'aucun tribunal n'aurait pu condamner avec justice ni l'Ordre ni les Chevaliers.

Je n'insiste pas sur l'invraisemblance et l'absurdité des chefs d'accusation ; elles sont trop évidentes. Les témoins les plus contraires à l'Ordre avouent que lors de leur réception, on leur fit prononcer les trois vœux, de pauvreté, de chasteté, d'obéissance. Comment supposer alors que dans la réception, on leur permît, on leur ordonnât la dépravation des mœurs ? Les apostats disent qu'ils prêtaient serment tantôt sur la croix, tantôt sur un livre où était empreinte son image, et qu'ils se croyaient liés par ce serment.

Croira-t-on que le récipiendaire attestant cette croix et le Dieu dont elle offrait l'image, et les prenant à témoin de ces engagements religieux, on lui fît au même instant un devoir d'outrager l'un et l'autre, et que le récipiendaire eût obéi ? Toutes les fois que les hommes dérogent à la loi, soit naturelle, soit positive, ils sont entraînés ou par le fanatisme, ou par l'ambition, ou par l'intérêt personnel. Quel est celui de ces mobiles qui aurait engagé un corps puissant et respecté à établir et à observer de pareils statuts ? Au contraire, les Chevaliers combattaient et mouraient pour la religion chrétienne : comme corps religieux, comme Ordre, comme couvent, ils avaient tout à gagner s'ils restaient attachés à cette religion, tout à perdre, s'ils s'en séparaient. Ainsi, nul intérêt d'avoir de pareils statuts, et nuls motif de s'y conformer. Il est donc d'une évidence irrécusable, fondée sur la connaissance du cœur humain, que de tels abus n'ont pas existé dans l'Ordre.

Les apostats déclarent qu'ayant renié Dieu et craché sur la croix, ils croyaient avoir commis un crime ; plusieurs prétendent s'en être confessés, les uns à des prêtres qu'ils nomment, mais qu'ils assurent être morts depuis cette confession ; d'autres, et c'est le plus grand nombre, à des prêtres dont ils ignorent les noms. Serait-il nécessaire de prouver la fausseté

de telles assertions? Non, sans doute. Et comment expliquer
le silence de ces confesseurs dont le devoir eût été de dénoncer l'hérésie, ou de la faire dénoncer par leurs pénitents. Il
y a plus : presque tous ces confesseurs par lesquels ils supposent avoir été absous, n'auraient été que de simples moines
sans autorité et sans pouvoir pour absoudre les cas réservés,
et sur-tout une pareille hérésie! Tout est également bizarre
et inconcevable dans les récits de ces apostats. Demandez-
leur quelle pénitence leur a été imposée? Quelques jours de
jeûne, dire des *pater*, des *ave*, chanter des messes, ne pas
porter de chemises pendant quelque temps.

On est sans doute curieux d'apprendre si les apostats, dans
leurs dépositions, font remonter à une époque reculée l'usage
de ces réceptions dans le mode illicite. Plusieurs des apostats qui déclarent s'y être soumis, fixent l'époque de leur réception à trente, trente-cinq, quarante et même cinquante
ans. Quoi! depuis cinquante ans, cette impiété eût été trans-
mise dans l'Ordre par une sorte d'hérédité! Depuis cinquante
ans, un statut fondamental eût consacré une impiété aussi
absurde! Quoi! depuis 1250, depuis le règne de Louis IX, et
avant sa seconde croisade, un tel abus eût existé dans l'Ordre,
et il eût fallu attendre le règne de Philippe-le-Bel pour soupçonner ce coupable mystère! Mais qu'on fasse attention que
dans cet intervalle de temps, cinquante mille Chevaliers au
moins auraient été dépositaires de ce fatal secret; que ces
Chevaliers, se conformant à la discipline de l'Église, se con-
fessaient, communiaient, et qu'ainsi ils auraient confié aux
prêtres qui devaient les absoudre le secret de leur réception.
Voilà donc des milliers de prêtres séculiers ou moines, dépositaires de ce secret qui leur eût révélé une hérésie au
milieu de l'Église et dans un corps puissant et nombreux qui
pouvait établir cette hérésie sur les ruines de la religion chrétienne. Serait-il possible d'admettre que pendant cinquante
ans, aucun de ces braves Chevaliers, pleins de franchise et
d'honneur, n'eût rougi de ces turpitudes impies, et ne les eût
dénoncées à l'autorité! Et l'on supposera que pendant cinquante ans, aucun ministre des autels n'eût fait ou exigé une
juste dénonciation pour garantir l'Église d'un tel péril? Mais,

d'après les maximes de l'Inquisition et même de la théologie, le confesseur négligent eût été coupable de complicité?

Discuterai-je l'article de l'accusation relatif au dérèglement des mœurs? Il paraît que les agents du Roi n'exigeaient pas avec tant de rigueur cet aveu, une fois qu'ils avaient obtenu celui d'avoir renié Dieu et craché sur la croix; aussi n'y a-t-il qu'environ le quart des témoins qui aient parlé de ces turpitudes. Ce qui ajoute encore à l'invraisemblance, c'est de prétendre qu'elles étaient ordonnées par les statuts de l'Ordre. Quel homme raisonnable admettra qu'une pareille loi ait existé dans une société? Et ce qui n'est pas moins absurde, c'est que tous ceux qui déposent de cette permission, ajoutent qu'ils se sont bien gardés d'en profiter. Voilà donc encore un délit inutile!

Non-seulement les statuts des Templiers n'autorisaient point, n'ordonnaient point les infamies dont ils furent accusés, mais les statuts contenaient des dispositions expresses contre des mœurs aussi criminelles. Dans l'information prise par l'évêque d'Elne, Raymond de la Garde, précepteur de Mas-Deu, répond que, d'après les statuts de l'Ordre, celui qui se fût rendu coupable d'un tel crime, eût perdu l'habit de l'Ordre, eût été chargé de fers et condamné à une prison perpétuelle pour y finir ses jours, nourri du pain de la tristesse et abreuvé de l'eau de la tribulation.

Ces divers considérations se renforcent encore d'une autre considération que je fonde sur la morale naturelle. Puisque les apostats déclarent qu'ils ont eu horreur de l'autorisation relative au dérèglement des mœurs, et qu'ils se sont confessés et ont fait pénitence d'avoir renié Dieu et craché sur la croix, comment se faisait-il que des amis appelassent des amis dans cet Ordre, que des parents y appelassent des parents, des oncles leurs neveux, des frères leurs frères, des pères leurs fils, et des fils leurs pères?

Il y a dans le cœur de l'homme un sentiment intime de pudeur qui ne lui permet pas de s'avilir aux yeux de ceux que les liens de la nature et de la société rapprochent de lui. Il est contre toute vraisemblance qu'on eût si long-temps étouffé cet instinct généreux, et que des Chevaliers eussent préparé aux amis, aux parents auxquels ils étaient attachés par le sang et par l'affection, les mêmes regrets et les mêmes remords qu'ils disent avoir éprouvés eux-mêmes : c'eût été se rendre coupable une seconde fois. Et comment concilier l'existence de ces abus avec les punitions que les chefs de l'Ordre infligeaient quelquefois? Quel frein eût empêché les délinquants de dénoncer l'Ordre entier? Il est prouvé que plusieurs Chevaliers, après être sortis de l'Ordre, y étaient rentrés et s'étaient soumis à la pénitence publique et longue qui leur était imposée pour obtenir l'honneur et le droit de reprendre l'habit. N'auraient-ils pas au contraire justifié leur sortie, en prenant pour excuse les abus qui offensaient la religion et les mœurs?

Comment croire d'ailleurs que les chefs qui tenaient un rang si considérable à la cour de Rome et dans toutes les cours de l'Europe, eussent toléré des abus coupables qui, sans aucune utilité pour l'Ordre, auraient évidemment compromis leur honneur, leur fortune et leur vie, en livrant à tous les récipiendaires, à de simples servants, un secret aussi inutilement dangereux?, un secret qui, en perdant l'Ordre, pouvait perdre les Chevaliers, puisque la seule supposition de l'existence des abus a été le prétexte dont les ennemis de l'Ordre se sont servis pour le détruire?

A ces raisons se joignent les moyens juridiques qui résultent de l'examen des dépositions. Pour fournir au concile, qui devait s'assembler à Vienne, le prétexte plausible d'abolir un Ordre puissant et respecté, il fallait nécessairement que l'information prise par la commission papale contînt la preuve que les statuts de l'Ordre étaient contraires à la religion. Les agents du Roi exigeaient sur-tout que les témoins déclarassent avoir renié Dieu et craché sur la croix : quand les témoins avouaient cet article, on ne regardait pas de très-près aux détails, qu'il eût été impossible peut-être de faire concorder. Il est résulté de cette négligence, que les témoins apostats déclarent hardiment qu'ils ont renié Dieu et craché sur la croix. Dès les premières dépositions que les inquisiteurs avaient obtenues par l'effet ou par la menace des tortures, et avant que les évêques ou la commission papale fussent appelés à procéder contre les Templiers, on avait suggéré à ceux qui faisaient des aveux, l'idée de s'excuser, en disant qu'ils avaient renié Dieu de bouche et non de cœur, et qu'ils avaient craché auprès de la croix, et non dessus. Ces mots avaient couru dans toute la France, et avaient porté dans toutes les dépositions un caractère univoque d'identité qui, aux yeux des magistrats habiles, loin de prouver la vérité des dépositions, démontre au contraire qu'elles ont été dictées ou concertées. Mais il n'était pas aussi facile de suggérer ce que les témoins pouvaient avouer des détails accidentels de leur réception. Livrés à eux-mêmes, ils sont tombés dans des contradictions telles, que presque toutes ces dépositions se détruisent les unes les autres.

Les commissaires demandent à un témoin par qui et en présence de qui il a été reçu selon le mode illicite. Souvent le témoin répond maladroitement qu'il ne s'en souvient pas, ou désigne des personnes décédées. Mais quand il cite des personnes encore vivantes, comme il peut craindre d'être démenti, si les vrais témoins de sa réception sont restés fidèles à l'Ordre, il nomme, pour ainsi dire, au hasard, tels et tels Chevaliers. Recourez aux dépositions de ceux-ci; ils avouent qu'ils ont renié Dieu et craché sur la croix; mais comme ils disent en avoir eu des remords et s'en être confessés, ils ajoutent qu'ils se sont bien gardés de faire des réceptions ou d'y assister; et, s'ils déclarent en avoir fait ou y avoir assisté, ils assurent en général qu'il n'a point été exigé que le récipiendaire reniât ou crachât, etc.

Ainsi, en prenant la peine de comparer ces assertions des apostats, il se trouve que tous ont renié Dieu et le Christ et craché sur la croix, et que personne, pour ainsi dire, n'a exigé qu'ils se rendissent coupables de cette impiété. De telles contradictions sur des détails importants suffiraient pour nous faire refuser toute croyance aux témoins; que sera-ce quand nous reconnaîtrons dans les aveux mêmes de la prétendue hérésie, des contradictions non moins inconséquentes et non moins absurdes? La majorité des apostats déclare avoir renié le CHRIST, un nombre considérable déclare avoir renié DIEU. Les uns ont renié avant de cracher sur la croix; les autres ont craché sur la croix avant de renier. Là, on exige cette impiété en présence des témoins ; ici, c'est à part, derrière l'autel ou dans un lieu voisin de l'église. Tantôt on dit au récipiendaire que c'est d'après les statuts de l'Ordre ; le plus souvent on n'en parle pas. Tantôt c'est avant de recevoir l'habit, tantôt c'est après cette cérémonie. Presque tous disent que c'est le jour même de la réception ; un petit nombre, que c'est après un certain intervalle de temps. A ceux-ci on a dit qu'ils devaient adorer l'idole ; à la plupart, qu'il suffisait d'adorer Dieu. Si plusieurs parlent de l'obligation qu'on leur imposait de se livrer à la dépravation des mœurs ; si quelques-uns même prétendent qu'on leur déclara qu'elle était autorisée par les statuts de l'Ordre, le plus grand nombre ou garde le silence sur cette prétendue autorisation, ou la nie expressément. Voilà quelques-unes des contradictions qui frappent le lecteur au premier aperçu.

Mais il n'en est pas ainsi des dépositions des Templiers fidèles. Qu'on parcoure leurs dépositions : jeunes ou vieillards, en quelque temps, en quelques lieux qu'ils aient été admis dans l'Ordre, ils exposent par-tout les mêmes faits, les mêmes circonstances, les mêmes détails ; ils s'accordent non-seulement entre eux, quoique séparés par de grandes distances, par les mers, et isolés dans les prisons, mais encore avec les statuts de l'Ordre que la plupart n'avaient jamais vus ; ils s'accordent même avec les détails donnés par les apostats qui ont raconté les formes de la réception licite, auxquelles ils ajoutaient les circonstances extravagantes dont on exigeait l'aveu ; et cependant les Templiers fidèles n'avaient pas pour régler leurs dépositions un type, comme chaque apostat en avait un dans l'acte d'accusation qu'on lui lisait. Que dis-je ? ils avaient un type sûr et invariable ; celui de la vérité et de leur conscience.

Eh ! que ne puis-je peindre la manière différente dont les uns et les autres comparaissaient devant leurs juges ! la noble et calme intrépidité des Chevaliers fidèles, la vile et craintive faiblesse des apostats !

Pierre de la Palu, du diocèse de Lyon, de l'Ordre des Prêcheurs, bachelier en théologie, 201e témoin devant la com-

mission papale , en a transmis le souvenir en ces termes : « J'ai
« assisté aux interrogatoires d'une foule de Templiers , dont
« les uns avouaient la plupart des crimes dont l'Ordre est ac-
« cusé, et les autres le niaient absolument. De nombreux mo-
« tifs m'ont convaincu qu'il fallait en croire plutôt les déné-
« gations que les aveux. »

Les officiers du Roi qui poursuivaient l'information contre
l'Ordre, pensaient bien qu'au concile de Vienne on refuserait
aux Templiers le droit de discuter cette information , quoique
ce droit fût sacré, quoique le Pape eût promis de les entendre,
et eût lui-même cité l'Ordre à cet effet. Ces officiers savaient
sans doute que le Grand-Maître ne serait appelé ni devant le
Pape, ni devant le concile, pour discuter les droits de l'Ordre
et des Chevaliers, et prouver leur innocence ; ces agents durent
se mettre peu en peine des détails. Mais du moins ces contradictions , ces absurdités existent , et elles sont, après tant
d'autres preuves, une preuve surabondante de l'injustice de
l'accusation et de la fausseté des témoignages.

Il reste encore à présenter une circonstance décisive qui démontre, avec l'évidence la plus certaine, que des dépositions
relatives aux prétendues réceptions illicites, n'ont été que l'effet des séductions , des promesses, de la crainte, de la violence : cette preuve est si frappante, qu'il suffit de rapporter
les faits sur lesquels elle est établie. Il est hors de doute que
le Grand-Maître et les chefs de l'Ordre, long-temps avant
leur arrestation , avaient eu connaissance des trames qu'on
ourdissait contre eux ; ils savaient que l'Ordre était dénoncé.

Clément V, dans sa lettre à Philippe-le-Bel, du 9ᵉ des
kalendes de septembre, an quatrième de son pontificat, s'exprime ainsi : « Attendu que le Grand-Maître des Templiers et
« plusieurs précepteurs de votre royaume et d'autres États,
« ayant appris qu'ils étaient dénoncés, soit auprès de moi et
« de vous , soit auprès d'autres puissances temporelles, m'ont
« demandé NON PAS UNE SEULE FOIS, MAIS PLUSIEURS, que je
« prisse des informations sur les faits dont ils étaient fausse-
« ment accusés, etc. »

Si, le 22 août, le Pape écrivait que les Templiers, soit de
France, soit des pays étrangers, s'étaient plusieurs fois plaints

à lui de ce qu'ils étaient calomniés, il est permis de croire qu'à l'époque où Philippe-le-Bel les dénonça au Pape, ils avaient été avertis; et n'est-il pas évident que dès-lors ils eussent changé la forme des réceptions, si cette forme avait outragé la religion et les mœurs? Quand même cette connaissance n'aurait pas précédé l'entretien que le Grand-Maître eut avec le Pape à Poitiers au mois d'avril 1307, entretien dans lequel l'Ordre avait été pleinement justifié, il est impossible de ne pas convenir que si les réceptions illicites avaient existé, le Grand-Maître et les précepteurs, dès l'instant où ils demandèrent au Pape de faire des recherches sur la vérité ou la fausseté des imputations, n'auraient pas continué ces réceptions coupables.

Cependant telle a été la maladresse des personnes qui ont séduit ou torturé les témoins, que l'aveu des prétendues impiétés a été exigé même des Chevaliers reçus depuis une époque où il est de toute certitude que les Templiers n'ignoraient pas qu'ils étaient dénoncés auprès du Pape et du Roi. Doutera-t-on que ces dépositions n'aient été l'effet des tortures, de la crainte ou de la séduction? Non, sans doute; mais alors que penser des autres dépositions, quoiqu'elles se rapportent à des époques plus anciennes? J'ose croire que les personnes qui auraient pu être prévenues contre l'Ordre ou les Chevaliers du Temple, resteront convaincues que l'accusation, invraisemblable dans son principe, n'a été soutenue que par des moyens irréguliers, injustes, violents et tortionnaires, et que la procédure qu'ils ont produite se décrédite elle-même. Il est temps que la pitié publique toute entière se réunisse en faveur de la constance, des vertus et des malheurs de tant de vénérables victimes.

Quand on parcourt la procédure faite à Paris par les commissaires du Pape; quand on lit la correspondance entre Philippe-le-Bel et Clément V, et les lettres particulières de ce pontife envoyées dans toute la chrétienté, on sent le poids de cette main puissante qui opprimait ces illustres infortunés; par-tout on retrouve l'action de cette politique sévère qui, dès l'origine, avait dicté ses arrêts irrévocables, et avait proscrit à jamais dans la France, et l'Ordre et les Chevaliers. Cependant l'opinion publique était constamment favorable aux Templiers, dans le reste de la chrétienté : les princes et les prélats qui ne cédaient point à des motifs personnels de haine ou de cupidité, avaient, pour ces respectables proscrits, les égards dus à tous les accusés, même présumés coupables, égards qu'on accorde avec un plaisir si touchant, avec une sorte de respect, à des accusés illustres qu'on croit innocents.

Le pontife romain voyant que les procédures qu'il avait ordonnées tournaient à la justification de l'Ordre, prescrivit à tous les rois, princes, prélats et inquisiteurs de la chrétienté, d'employer les tortures pour obtenir ce qu'il appelait la vérité. Le 15 des kalendes d'avril, an sixième de son pontificat (1311), il adressa ses plaintes aux rois de Castille, de Léon, d'Arragon et de Portugal : « La justice exigeait qu'afin d'ob-« tenir des Templiers plus certainement et plus évidemment « la vérité, ils fussent appliqués à la question et livrés aux « tortures ; cependant les évêques et les délégués ont impru-« demment négligé ce moyen : nous leur ordonnons expres-« sément d'employer contre les Chevaliers le genre de torture « convenable qui amènera le plus promptement et le plus « pleinement la vérité : les sacrés canons exigent qu'en pa-« reille circonstance, les personnes qu'accusent des indices si « évidents et des présomptions si fortes, soient livrées aux « bourreaux des tribunaux ecclésiastiques. » Et il enjoignit à ces rois de protéger les mesures que prendraient les évêques et inquisiteurs pour torturer les Chevaliers, conformément aux sacrés canons.

L'ordre de torturer les Templiers passa les mers ; il fut porté au roi de Chypre et aux évêques de Famagouste et de Nicosie. Un légat se trouvait dans l'île de Rhodes ; le Pape lui écrivit, par surcroît de précaution, de faire ordonner les tortures, en repassant par l'île de Chypre ; enfin cet ordre cruel arriva jusqu'au patriarche de Constantinople, à l'évêque de Négrepont et au duc d'Achaïe. Dans cette fatale et opiniâtre proscription, supportée avec tant de constance et de dévouement, il ne manqua aux Templiers qu'une espèce de gloire, celle d'être torturés dans ces champs de l'Idumée où leur sang généreux avait coulé pour la défense de la religion ; de souf-

6.

frir le supplice ordonné par le Pape, en présence de ce tombeau sacré, à la délivrance duquel ils avaient constamment prodigué et leur fortune et leur vie, et d'obtenir les dérisions de ces mêmes Musulmans qu'ils avaient si souvent mis en fuite devant l'étendard de la croix.

Le prince et les prélats obéirent-ils à l'injonction du Pape, ou refusèrent-ils de s'y soumettre? Dans l'un et dans l'autre cas, leur conduite sert également à prouver l'innocence des Templiers. Si les accusés livrés aux tortures eurent le courage et le bonheur de résister à ces nouvelles épreuves, cette circonstance se joint à tant d'autres qui concourent à justifier l'Ordre. Si les princes et les prélats refusèrent d'exécuter le commandement exprès du souverain Pontife, quelle nouvelle preuve en faveur des accusés! cette résistance pardonnable, cette pieuse désobéissance pouvaient-elles être inspirées par un autre sentiment que par la conviction intime de l'innocence des Templiers?

J'ai déjà eu occasion de parler de la fermeté avec laquelle les Chevaliers anglais et irlandais avaient persisté à dénier les délits imputés à l'Ordre. Aux approches du concile général qui devait s'ouvrir à Vienne, on trouva en Angleterre le moyen de concilier l'intérêt des princes qui pouvait exiger l'abolition de l'Ordre, avec les sentiments de justice et de pitié que le sort de ces infortunés inspirait à leurs juges mêmes. Les Templiers anglais, persistant à soutenir qu'ils n'étaient souillés d'aucune hérésie, présentèrent leur profession de foi : il est vraisemblable qu'ils étaient sortis victorieux de l'épreuve des tortures, puisqu'un jugement les avait condamnés à la subir.

On feignit de trouver, sinon une hérésie formelle, du moins quelque chose de blâmable dans l'absolution que le Grand-Maître, ou le chef qui présidait les chapitres, accordait aux Chevaliers lorsqu'ils s'accusaient de quelque faute de discipline. On décida que si les Templiers ne pouvaient se purger de la diffamation que la bulle du Pape avait jetée sur l'Ordre, cette circonstance leur imposait la nécessité de se faire absoudre. Ces deux motifs, ou plutôt ces deux prétextes, offrirent aux conciles provinciaux le moyen d'absoudre les accusés. On prononça qu'ils étaient déliés de l'excommunication, au cas qu'ils l'eussent encourue, et tous furent réconciliés à l'Église. Je ne m'arrêterai point à discuter ces motifs.

Le Grand-Maître, ou le chef qui présidait le chapitre, avait incontestablement le pouvoir de remettre les fautes de discipline, et certainement ce n'était pas être hérétique que d'user de ce pouvoir, puisqu'il n'était que la conséquence du droit non contesté d'infliger des châtiments. Quant à la purgation canonique, il est vrai que, selon les maximes et la jurisprudence de l'Inquisition, lorsque l'accusé n'était convaincu ni par ses aveux, ni par les dépositions des témoins, ni par l'évidence du fait, il n'était absous qu'après s'être purgé de la diffamation; et à cet effet il devait présenter le témoignage d'un certain nombre de personnes de sa condition, qui connussent et attestassent son innocence.

Est-il surprenant que chacun des Templiers anglais accusés par le Pape, détenus prisonniers par le Roi, poursuivis et jugés par les évêques et les inquisiteurs, n'ait pas eu le moyen de rassembler plusieurs témoins de sa condition pour attester son innocence? ou plutôt n'est-il pas permis de croire qu'on exigea qu'ils acceptassent leur absolution, sous le prétexte qu'ils n'étaient pas purgés de la diffamation? Oserait-on blâmer ces hommes puissants qui dans les grandes catastrophes savent trouver des tempéraments conciliateurs, et n'accorder que le moins possible à la dure nécessité des circonstances?

Ce qui ne laisse aucun doute sur les intentions favorables des évêques anglais, c'est le soin qu'ils prirent d'assurer le sort des Chevaliers. Tous les Templiers furent relégués dans des monastères, et le plus grand nombre dans leurs propres couvents. L'histoire atteste qu'ils s'y comportèrent de manière à prouver qu'ils n'avaient pas mérité leurs malheurs. Quoique ce traitement n'eût rien de sévère, on ne put jamais obtenir que les deux chefs de l'Ordre, en Angleterre, se soumissent à l'accepter. L'Écossais Guillaume de la Moore, grand-prieur d'Angleterre et d'Écosse, résista à toutes les offres et à toutes les sollicitations; il ne voulut reconnaître ni hérésie dans l'absolution donnée en plein chapitre pour

les fautes de discipline, ni nécessité de se purger des prétendues diffamations contenues dans la bulle du Pape ; il préféra
de rester et de mourir en prison. Himbert Blancke refusa pareillement d'abjurer de prétendues erreurs dont il disait n'être
pas coupable.

Alors le concile ordonna qu'il serait resserré dans la plus
vile prison, garotté de doubles fers, et visité de temps en
temps, afin de savoir s'il voulait faire quelque aveu. Le roi
d'Angleterre ne refusait ni son estime ni sa protection à ces
deux Chevaliers. Guillaume de la Moore mourut en prison.
Le Roi voulut que ses biens et les arrérages de sa pension
fussent délivrés à ses héritiers, et qu'Himbert Blancke jouit
lui-même de la pension du grand-prieur.

Tandis que dans tous les lieux de la chrétienté on s'occu-
pait du sort des Templiers, arriva l'époque du concile de
Vienne, laquelle avait été définitivement fixée en 1311 : c'était
le quinzième concile œcuménique. Il s'ouvrit le 13 octobre,
jour sinistre et fatal pour les Templiers, anniversaire de celui
où, quatre ans auparavant, ils avaient été arrêtés dans toute
la France !

Le Pape exposa les motifs qui avaient fait assembler le concile. L'affaire des Templiers était la principale qu'on dût y
traiter. On s'en occupa d'abord. Les évêques de Soissons, de
Mende, de Léon, d'Aquilée, furent chargés d'examiner, d'ex-
traire et de comparer les diverses informations faites contre
l'Ordre et les Chevaliers. Les pères du concile écoutaient la
lecture du rapport des commissaires, et se préparaient à prononcer une décision à laquelle toute la chrétienté prenait le
plus vif et le plus juste intérêt. Tous les Templiers avaient
été solennellement cités à venir défendre l'Ordre devant ce
concile.

Un grand nombre de Chevaliers proscrits étaient errants
ou fugitifs dans les montagnes de Lyon. Ce fut sans doute
une résolution courageuse, que celle qu'ils prirent d'envoyer
des députés au concile de Vienne, pour y plaider la cause de
la vertu et du malheur. Les bûchers fumaient encore, les oppresseurs veillaient sans relâche sur les proscrits, la haine
n'était pas assouvie. N'importe, ces Chevaliers écoutent ce

noble et généreux désespoir qui sied quelquefois à la vertu
dans les occasions solennellement périlleuses. Au moment
même où les pères du concile de Vienne écoutaient la lecture
des informations faites contre l'Ordre, paraissent tout-à-coup
neuf Templiers qui offrent de prendre la défense de cet Ordre
opprimé.

Ils en avaient le droit. Un concile était convoqué contre
eux : les maximes de la justice et de la religion exigeaient
qu'ils y fussent entendus, puisqu'on devait prononcer sur
leur sort, sur leur fortune, sur leur gloire et sur leur réputation de probité, d'honneur et de catholicité. Ils en avaient
accepté le devoir; les autres Chevaliers le leur avaient légué
du milieu des tortures et du haut des bûchers où leur dernier soupir avait attesté leur innocence et celle de l'Ordre.
Ces neuf Chevaliers sont introduits. Ils exposent franchement
et loyalement l'objet de leur mission ; ils se disent mandataires
de quinze cents à deux mille Chevaliers. Ils s'étaient présentés sous la sauve-garde de la foi publique et de la permission spéciale accordée par le Pape et proclamée dans toute
la chrétienté. Leur malheur et leur proscription étaient des
titres respectables, sur-tout devant les pères et le chef de
l'Église.

Une grande discussion allait s'engager. Le concile seul n'en
eût pas été juge. L'Europe, la chrétienté, le siècle, la postérité auraient eu à ratifier ou à improuver le jugement du
concile. Que fit Clément V ? Il m'est pénible d'accuser un
pontife ; mais je dois à la vérité, je dois à la mémoire de tant
d'intéressantes victimes, à l'instruction des siècles présents,
aux vertus mêmes de ces pontifes et de ces prêtres qui, dans
des temps plus heureux, font oublier les erreurs de ceux
qui les ont précédés; je dois enfin à l'impartialité de révéler
un secret caché jusqu'à ce jour. Clément V fit arrêter ces généreux Chevaliers, il les fit jeter dans les fers ; et se hâtant de
prendre des mesures contre le désespoir des proscrits, il aug-
menta sa garde, et écrivit à Philippe-le-Bel de prendre lui-
même des précautions, en lui transmettant ces détails que
l'histoire aurait peut-être ignorés à jamais, si les circonstances
ne m'avaient imposé la loi de publier la lettre où le Pape les
raconte lui-même sans nul déguisement.

« Pour faire connaître à votre grandeur royale la vérité de
« tous les évènements qui surviennent dans l'affaire des Tem-
« pliers, je ne dois pas lui taire le fait suivant : Les infor-
« mations faites contre l'Ordre des Templiers étaient lues de-
« vant les prélats et autres ecclésiastiques qui, d'après la con-
« vocation qu'ils avaient reçue de nous, sont venus à ce sacré
« concile ; sept Chevaliers de cet Ordre, dans une séance, et
« deux autres dans une séance suivante, se sont, en notre
« absence, présentés devant ces mêmes prélats et ecclésias-
« tiques ; offrant de prendre la défense de l'Ordre, ils ont
« assuré que quinze cents à deux mille Chevaliers, qui de-
« meuraient à Lyon ou dans ses environs, se joignaient à
« eux pour cette défense. Quoique ces NEUF TEMPLIERS SE
« FUSSENT PRÉSENTÉS VOLONTAIREMENT, NOUS AVONS CEPENDANT
« ORDONNÉ QU'ON LES ARRÊTÂT, ET NOUS LES FAISONS RETENIR
« EN PRISON. Depuis nous avons cru devoir employer des
« précautions particulières pour notre sûreté, et nous annon-
« çons ces évènements à votre grandeur, afin que prudem-
« ment vigilante, elle avise à ce qu'il convient et importe de
« faire pour la garde de votre personne. »

Cette lettre est datée du 11 novembre 1311. Je dois dire
en faveur des pères du concile de Vienne, qu'ils furent indi-
gnés d'un déni de justice aussi scandaleux ; les auteurs du
temps attestent que les prélats et toute l'assemblée manifes-
tèrent hautement leur opinion. Il me semble voir l'un de ces
évêques, respectable par sa doctrine, ses mœurs et sa piété,
se levant tout-à-coup, attirant sur lui l'attention de l'auguste
assemblée ; il me semble l'entendre s'écrier d'une voix grave et
touchante :

« Réunis en concile œcuménique, nous formons une assem-
« blée de laquelle la chrétienté attend la justice et l'édification,
« l'Église une gloire nouvelle, et les âges futurs un grand
« exemple. Nous avons à prononcer sur le sort d'un Ordre
« religieux, fameux et puissant en-deçà et au-delà des mers,
« dont l'illustration, les services et les richesses ont sans doute
« excité l'envie, et qui, par un malheur inséparable de la con-
« dition humaine, peut avoir été entraîné à de grands abus,
« parce qu'il avait un grand pouvoir. Vous connaissez les

« chefs d'accusation ; on vous a lu les informations faites
« contre les particuliers et contre l'Ordre. Déja des condam-
« nations nombreuses, précipitées et terribles, ont propagé
« dans l'esprit des peuples une grande prévention ; mais, j'ose
« le dire, plus l'infortune et les préjugés pèsent sur l'Ordre
« et les Chevaliers, plus je regarde comme un devoir de ne
« pas prononcer sur leur sort définitif, sans avoir entendu les
« défenseurs qui se présentent pour la justification de l'Ordre.
« Le droit naturel, la loi civile et religieuse, les maximes de
« tous les temps, de tous les lieux, consacrent ce privilège de
« l'accusé. Mais ces Chevaliers ont-ils besoin de l'invoquer ?
« Une promesse solennelle faite par le Saint-Père en présence
« et au nom de toute la chrétienté, a pris à témoin Dieu et
« les hommes, et a déclaré que ce dernier refuge des opprimés
« ne leur manquerait pas. C'est dans l'espérance que votre
« jugement définitif les vengerait des fers, des tortures et des
« bûchers, qu'ils ont persisté jusqu'à la mort à soutenir l'in-
« nocence de l'Ordre. Accablés, opprimés en tous lieux, vous
« seuls vous leur restiez sur la terre, et Dieu dans le ciel. Ils
« ont souffert et ils sont morts.

« Je propose qu'on détache les fers dont on a si indigne-
« ment chargé les neuf Chevaliers, et qu'on les entende. Je
« dis même plus : le Grand-Maître, qu'on semble avoir con-
« damné au malheur, au tourment de survivre à ses braves
« Chevaliers, je le cherche parmi nous ; je le demande, sinon
« comme membre de ce concile, ainsi que ces chefs d'Ordre
« que je vois à mes côtés, du moins comme ayant dans cette
« grande affaire à défendre l'intérêt général de son Ordre et
« l'intérêt personnel de sa vie et de son honneur.

« Le Saint-Père s'est réservé son jugement, me dira-t-on ;
« mais le Grand-Maître n'a cessé de réclamer ce jugement ; il
« a toujours annoncé qu'il se justifierait devant le souverain
« Pontife. Ne pas juger un infortuné qu'une accusation so-
« lennelle diffame devant toute la chrétienté, quand lui-même
« sollicite depuis si long-temps qu'on prononce sur son sort,
« c'est une plus grande injustice peut-être que de le condam-
« ner innocent. Mais qu'avons-nous besoin d'entendre les
« défenseurs de l'Ordre du Temple ? On nous a lu en plein

« concile les accusations et les charges. Eh bien ! qui de nous
« désormais croira que l'Ordre et les Chevaliers fussent cou-
« pables ? Ils adoraient, dit-on, des idoles ! Plusieurs témoins
« ont déposé qu'il en existait en Angleterre, en France, en
« Italie, etc. Comment ces idoles avaient-elles disparu le jour
« où l'on saisit les personnes et les richesses des Chevaliers ?
« Est-ce à nous d'adopter aveuglément ces mensonges gros-
« siers de leurs accusateurs ? Avons-nous oublié que, du pied
« de l'autel témoin de leur saint engagement, ils couraient aux
« combats, et qu'ils n'affrontaient les périls et la mort, que
« pour venger notre religion, et punir les Infidèles qui font
« profession d'être ses ennemis ?

« Ils s'imposaient la loi d'offenser la religion et les mœurs !
« Eh ! quel intérêt y auraient-ils trouvé ? Aucun sans doute,
« vous le pensez tous, vous en convenez tous. Eh bien ! quel
« homme fut jamais hypocrite, sans aucun intérêt de l'être ?
« Et vous supposeriez que, depuis tant d'années, il existe au
« milieu de nous, à côté de nous, un corps aussi nombreux
« et aussi illustre, composé d'hommes choisis dans toute la
« chrétienté, qui, sans aucun but, sans aucun intérêt, se soit
« transmis l'héritage du crime et de l'hypocrisie ?

« Près de mille Chevaliers s'étaient présentés pour la dé-
« fense de l'Ordre : que sont-ils devenus ? les bûchers ou les
« prisons les ont dévorés. Quel chrétien, quel homme doué
« seulement de l'instinct de la raison, ne serait révolté d'in-
« dignation, en apprenant ce qui s'est passé dans plusieurs
« conciles de France ? Je m'adresse aux prélats qui les ont pré-
« sidés. Dans les diverses procédures faites contre l'Ordre et
« les Chevaliers, où trouve-t-on la preuve que les Templiers
« fussent tombés dans l'hérésie, où trouve-t-on sur-tout la
« preuve qu'ils y fussent retombés ? Cependant on les a con-
« damnés comme s'ils avaient été hérétiques relaps. Et sur quel
« prétexte ? Parce qu'attestant n'avoir cédé qu'aux tortures,
« ils avaient rétracté des confessions nulles devant la justice
« divine et devant la justice humaine. Mais quelle est la loi,
« quel est l'usage qui pouvait autoriser une condamnation
« aussi extraordinaire ? J'ose le dire : déclarer hérétiques re-
« laps des guerriers qui s'accordaient à professer publique-

« ment notre religion, et qui regardaient comme leur premier
« devoir de mourir pour elle, c'est, à mon avis, de toutes les
« hérésies la plus malheureuse qui ait jamais scandalisé l'Église.

« On vous présente des dépositions reçues par les commis-
« saires du Pape, comme le témoignage de la plus grande par-
« tie de l'Ordre : quelle dérision ! Des quinze mille Templiers
« qui vivaient au moment où la persécution a éclaté, la plupart
« étaient Français, et les témoignages qu'on présente ne s'é-
« lèvent pas à deux cents. Quel nombre en comparaison de
« ceux qui en France s'étaient offerts pour la défense de
« l'Ordre, ou qui dans les autres royaumes l'ont défendu et
« ont été absous par les conciles ! La plupart des Chevaliers
« français ont péri dans les tortures et dans les flammes :
« d'autres, traités rigoureusement dans les prisons, y sont
« morts victimes de leur généreux dévouement au devoir et à
« la vérité. Les gardiens de ces infortunés attestent que le der-
« nier cri des mourants a été un serment d'innocence. Et ce-
« pendant on les traitait en excommuniés, et ils sont morts
« réprouvés des hommes ! Quand les apostats consentiront à
« braver les tourments et à subir la mort pour garantir la vé-
« rité de leurs dépositions, je consentirai à les discuter.

« Mais quoi ! vous les avez examiné ces dépositions ; vous
« avez reconnu les contradictions nombreuses par lesquelles
« les témoins se démentent les uns les autres ; vous avez été
« frappés de ce qu'on a porté l'imprévoyance jusqu'à exiger les
« faux aveux de la part même de ceux qui n'étaient entrés
« dans l'Ordre que depuis une époque où les chefs sachant
« qu'il était dénoncé, offraient de le justifier. Vous n'avez pas
« été moins surpris de ce qu'on avait exigé les mêmes aveux
« des Templiers reçus depuis cinquante ans. Voudrait-on nous
« persuader que la prétendue hérésie avait déshonoré ces braves
« et innombrables Chevaliers morts avec tant de gloire en com-
« battant contre les Infidèles ? Et quel est celui de vous qui
« pourrait admettre que tant de personnages respectables aient
« consenti à placer leurs amis les plus chers, leurs parents les
« plus proches, dans un corps où il eût fallu s'initier par un
« crime inutile, et vivre dans une hypocrisie qui n'eût été ni
« nécessaire ni profitable, et qui eût été dangereuse ?

« Pensons à l'avenir : les chrétiens qui savent défendre la
« religion et mourir en combattant pour elle, ne sont plus en
« assez grand nombre pour que vous ne deviez craindre de le
« réduire encore. Réformez l'Ordre des Templiers, s'il le faut,
« mais ne le détruisez pas. Je désire me tromper dans mes
« conjectures, mais il me semble qu'une fermentation sourde
« agite les esprits. Ces sectes que le dernier siècle a vu s'é-
« lever, et qu'on a tant de peine à détruire; l'affaire même
« qui nous rassemble, où l'on a la maladresse de présenter
« comme des impies et des hérétiques tant de braves Cheva-
« liers qui, en tous temps et en tous lieux, ont passé pour les
« champions de la foi, les soldats de la religion; cette grande
« lutte que nous avons vue de nos jours entre l'autorité royale
« et le pouvoir pontifical, bien d'autres motifs que je ne puis
« ni ne dois divulguer ici, m'autorisent à présumer que tôt ou
« tard des sectes nouvelles s'élèveront contre notre saint culte,
« soumettront au doute et à l'examen l'autorité de la foi, la
« vérité des dogmes, les titres du pontificat. Tant que nous
« n'aurons à combattre que des opinions et des erreurs, nous
« pourrons sans doute avec les armes spirituelles suffire à la
« victoire; mais si Dieu permet que les dissidents ou les incré-
« dules tentent de renverser le Temple matériel, de détruire
« le marbre périssable de nos autels, qui combattra pour les
« défendre et les sauver? Sera-ce nous, pontifes, qui ne sa-
« vons, qui ne pouvons que lever les mains vers le ciel, pen-
« dant que les Israélites ensanglantent le glaive de la vic-
« toire ?..... Réfléchissez, pensez, avant de vous priver de
« cette milice catholique qui, répandue dans toute l'Europe,
« dévouée au Pontife et au pontificat, trouve à-la-fois la
« fortune, la gloire et le bonheur à faire cause commune
« avec nos saints autels; qui, éprouvée par de longs com-
« bats au-dehors, saura garantir à l'Église la paix au-de-
« dans. Oui, j'en atteste la cause de Dieu même; ici la poli-
« tique humaine s'unit au sentiment de la justice et de la
« vertu pour protéger les droits, les titres et les malheurs des
« Chevaliers opprimés. »

Tels étaient les sentiments de justice qui animaient générale-
lement les pères du concile. On procéda à un appel nominal.

Les prélats d'Italie, un seul excepté, les prélats d'Espagne,
d'Allemagne, de Danemarck, d'Angleterre, d'Écosse, d'Irlande, tous les prélats français, hors les métropolitains de
Reims, de Sens et de Rouen, furent d'avis d'accorder audience
aux Templiers et d'entendre leur justification. Ce généreux
concours de toutes les opinions en faveur des Templiers au
concile de Vienne, est le plus beau témoignage qu'on puisse
opposer à leurs détracteurs; et ce témoignage est d'autant
moins suspect, que le concile était composé de prélats qui,
dans leurs diocèses, avaient procédé contre les Templiers, et
d'autres prélats qu'un monument du temps prouve avoir été
désignés par Philippe-le-Bel lui-même.

D'après le vœu unanime et sacré des pères du concile, les
neuf Chevaliers qui s'étaient présentés pour la défendre, sor-
tiront-ils de leur prison? Seront-ils admis à défendre et à
faire triompher l'innocence et la vérité? On le désire, on
l'espère. Au lieu d'obéir au vœu du concile et de remplir son
propre devoir, Clément V termine brusquement la session.
Quel outrage à la justice! quel mépris pour la délibération
du concile! Il était convenable, il était indispensable d'in-
sister sur ces détails, parce qu'ils sont décisifs, parce que
les historiens ne les ont pas assez fait remarquer, parce que
les actes du concile ont été supprimés.

Des pourparlers, des négociations eurent lieu pendant l'hiver : Philippe-le-Bel jugea que sa présence était nécessaire
pour trancher les difficultés. Il arriva dans les premiers jours
de février, accompagné de ses trois fils, de son frère et de
beaucoup de gens de guerre.

Ce monarque n'avait pas craint sans doute que le concile
opposât le moindre obstacle au décret d'abolition de l'Ordre.
Dès les mois de février et de juin 1311, il avait eu pour l'Église
romaine une condescendance qui méritait la reconnaissance du
Pontife et des prélats; il s'était désisté de ses accusations et de
ses poursuites contre la mémoire de Boniface VIII, et s'en
était remis à la décision du Saint-Siège. Quand on a étudié la
politique de Philippe-le-Bel, on présume aisément qu'un tel
désistement qui était loin de flatter sa vanité, n'avait pas été
gratuit, et qu'en sacrifiant sa vengeance contre Boniface VIII,

il s'était assuré du dévouement du Pape et de sa cour à ses projets contre l'Ordre des Templiers.

Le Pape rassembla les cardinaux et plusieurs prélats en consistoire secret, et de sa seule autorité abolit l'Ordre dans ce consistoire. Le 3 avril, s'ouvre la deuxième session du concile ; le roi de France y paraît accompagné de ses trois fils et de Charles son frère, entouré d'un grand appareil de force guerrière ; il est placé à la droite du Pape, sur un siège tant soit peu élevé. Et le Pape publie solennellement son décret de l'abolition de l'Ordre des Templiers, par une simple bulle, PER VIAM PROVISIONIS. Les pères du concile assemblés pour entendre la lecture de la bulle et non pour délibérer, ne peuvent opposer à la décision du Pape et à la présence du Roi, qu'un silence improbateur. Ils se taisent.

Cette décision violait à-la-fois les règles de la justice, de l'équité et de la discipline ecclésiastique.

Non-seulement Clément V. statuait de sa seule et propre autorité et sans l'avis des pères du concile, mais même contre leur avis, puisqu'ils avaient déja prononcé que les Templiers qui offraient de défendre l'Ordre devaient être entendus. Qui ne reconnaît dans ces formes violentes et arbitraires l'influence active et directe de Philippe-le-Bel entouré de la force armée, et plus terrible encore par sa seule volonté ? Aussi non-seulement plusieurs historiens, mais encore de célèbres canonistes se sont-ils récriés contre l'irrégularité de la bulle qui prononça l'abolition de l'Ordre des Templiers.

S'étonnera-t-on maintenant que les actes du concile de Vienne aient été supprimés, et qu'on n'en ait eu connaissance que par de faibles renseignements épars dans les chroniques du temps ? Que dis-je ? presque tous les historiens ont même entièrement ignoré ce qui s'était passé. L'opinion publique avait été pervertie ou trompée ; on croyait que l'Ordre avait été jugé définitivement par le concile œcuménique, et condamné comme coupable d'hérésie et d'impiété. La bulle d'abolition publiée dans la seconde session du concile général de Vienne, le 2 mai 1312, n'a été imprimée que dans le dix-septième siècle, et en pays étranger ; il semble qu'on ait toujours craint en France de soulever le voile qui couvrait ce mystère d'oppression. Les pontifes romains en ont toujours connu le secret. Clément V lui-même n'avait mis aucun art à le dissimuler.

Dans sa bulle CONSIDERANTES DUDUM, du 2ᵉ des nones de mai, seulement quatre jours après avoir publié dans le concile la bulle d'abolition, le Pape avoue que l'ensemble des informations faites contre l'Ordre et les Chevaliers dans toute la chrétienté, n'offre pas des preuves suffisantes pour les croire coupables; il se réduit à prétendre qu'il en résulte une grande suspicion, et il déclare que, d'après ces informations, il n'avait pas eu le droit de prononcer une sentence définitive. Circonstance remarquable et qui mérite d'être également offerte à la méditation des grands et du peuple! C'est de l'injustice même commise par Clément V envers les Templiers, que Clément XIV s'est prévalu, cinq cents ans après, pour abolir l'Ordre des Jésuites. Dans son bref du 21 juillet 1773, Clément XIV rapporte divers exemples d'abolition d'Ordres par les souverains pontifes, et il continue en ces termes :

« D'autres pontifes romains, nos prédécesseurs, dont il se« rait très-long de citer les décrets, ont agi de même, selon « les circonstances du temps : entre autres, le pape Clément V, « aussi notre prédécesseur, par ses lettres du 2 mai 1312, scel« lées en plomb, a supprimé et totalement éteint l'Ordre mili« taire des Templiers, à cause de la mauvaise réputation où « il était alors, quoique cet Ordre eût été légitimement con« firmé, quoiqu'il eût rendu à la République chrétienne des ser« vices si éclatants, que le Saint-Siège apostolique l'avait « comblé de biens, de privilèges, de pouvoirs, d'exemptions et « de permissions, et QUOIQU'ENFIN LE CONCILE DE VIENNE, « QUE CE PONTIFE AVAIT CHARGÉ DE L'EXAMEN DE L'AFFAIRE, « EÛT ÉTÉ D'AVIS DE S'ABSTENIR DE PORTER UN JUGEMENT FOR« MEL ET DÉFINITIF. »

Ainsi finit l'Ordre célèbre des Templiers. Le simple récit des injustices sous lesquelles il a succombé dispense de toute réflexion. Le Pape avait appliqué en faveur des Hospitaliers la plus grande partie des biens de l'Ordre supprimé. Si l'on en croit plusieurs historiens, l'Ordre de Saint-Jean de Jérusalem avait payé cher au Pape lui-même cette honteuse préférence.

Mais les riches dépouilles de l'Ordre du Temple ne passèrent pas en entier aux héritiers choisis par le Pontife. Les trésors, le mobilier saisis dans toute la France au moment de l'arrestation des Chevaliers, restèrent à Philippe-le-Bel, et jusqu'à sa mort il perçut les revenus du domaine de l'Ordre. Clément V avoue, dans une lettre à Philippe-le-Bel, avoir reçu une partie du mobilier, et il est très-certain que la cour de Rome s'appropria de riches et nombreux domaines de l'Ordre aboli.

Je pourrais accumuler les preuves : une seule suffira. « Les « Chevaliers du Temple, dit un historien, avaient plusieurs « domaines dans la ville de Saint-Paul, dans son territoire et « dans différents villages du diocèse. Il y a encore dans le « quartier qu'on appelle de Saint-Jean.... les maisons de Saint- « Vincent, le pré de Selles, le château de Chamiers et plu- « sieurs autres fonds dépendants de la commanderie de Riche- « Branche. TOUT CELA FUT SAISI PAR LES OFFICIERS DE SA « SAINTETÉ ET UNI AU DOMAINE DE LA CHAMBRE APOSTOLIQUE « DU COMTAT VÉNAISSIN. »

Le Roi, les autres princes s'emparèrent ou disposèrent de plusieurs possessions de l'Ordre. Bientôt on s'occupa dans les divers pays de la chrétienté du sort définitif des Templiers. En Italie, ceux qui n'avaient pas encore été jugés furent absous par le concile de Bologne et par les archevêques de Pise et de Florence. Les opinions des historiens ont été partagées sur le traitement que les Templiers éprouvèrent en Provence. Quarante-huit avaient été arrêtés le même jour par ordre de Charles II, comte de Provence, et traduits dans différentes prisons. Albert de Blacas, précepteur d'Aix et de Saint-Maurice, était gardé dans les prisons d'Aix au commencement de 1308. Non-seulement il ne périt pas, mais un document du temps prouve qu'il jouit pendant toute sa vie de la commanderie de Saint-Maurice, du consentement même des Hospitaliers. La découverte de ce titre permet de croire qu'en Provence les Templiers furent non-seulement épargnés, mais traités d'une manière qui ne peut s'accorder qu'avec l'idée qu'ils avaient été reconnus innocents.

Les Templiers allemands avaient déjà été absous par les conciles de Mayence et de Trèves.

On se souvient comment les Templiers anglais avaient été jugés avant le concile de Vienne; la même décision fut appliquée aux Chevaliers irlandais en 1312.

Je n'ai point encore parlé des Templiers d'Écosse. Leur grand-prieur, Henri de la Moore, avait donné l'exemple de supporter noblement la persécution. Il paraît qu'ils trompèrent les poursuites de leurs oppresseurs; deux seuls Écossais furent arrêtés; et répondant avec courage et vérité, ils se montrèrent dignes de leur grand-prieur; nul tribunal, nul concile ne s'assembla contre eux ni contre les autres Chevaliers qui, par leur fuite ou leur dispersion, eurent le bonheur d'échapper à l'Inquisition. Que devinrent-ils? Ce n'est pas à moi de soulever le voile mystérieux des conjectures par lesquelles on explique le sort ultérieur de ces infortunés : l'histoire publique se tait; mon devoir est de me taire comme elle.

Les Templiers de Catalogne ayant appris combien on avait maltraité les Chevaliers français, et craignant de semblables injustices, s'étaient retirés dans des châteaux forts. Jacques II, roi d'Aragon, ordonna de les saisir et de les livrer à l'Inquisition. Alors ils s'adressèrent à l'archevêque de Tarragone, et demandèrent à être jugés. Le 10 août 1312, le concile fut assemblé. Tous les Templiers de l'Aragon s'y présentèrent : le concile entendit des témoins, fit diverses procédures, et après avoir scruté sagement l'affaire, ne trouva les Chevaliers coupables d'aucun crime ni souillés d'aucune hérésie. Par le jugement définitif, ils furent absous de tous les crimes et délits, de toutes les erreurs et impostures dont ils étaient accusés; il fut défendu de les diffamer, attendu que, par l'examen sévère qu'avait fait le concile, ils avaient été trouvés au-dessus du soupçon. Le jugement fut prononcé le 4 novembre 1312.

En appliquant les biens des Templiers à l'Ordre des Hospitaliers, la bulle d'abolition avait excepté tous les biens situés dans les royaumes de Castille, d'Aragon, de Portugal et de Mayorque; les ambassadeurs de ces États au concile de Vienne l'avaient expressément exigé.

En 1317, l'Ordre des Chevaliers de Notre-Dame de Montesa fut érigé dans l'Aragon, à la place de celui des Tem-

7

pliers, avec l'autorisation de Jean XXII; le nouvel Ordre hérita de leurs biens, et ses Chevaliers furent destinés à combattre les Musulmans d'Espagne. Les nouveaux Chevaliers avaient des vêtements blancs marqués d'une croix rouge, semblable à ceux des Templiers.

En Portugal, l'Ordre des Templiers ne fut pas détruit; les Templiers qui s'appelaient les SOLDATS DU CHRIST, quoiqu'ils prissent plus généralement le titre de SOLDATS DU TEMPLE, n'éprouvèrent de réforme que dans leur nom. Ils furent obligés de prendre exclusivement le titre de MILICE DU CHRIST.

Ce fut le roi Denis qui sauva d'une manière aussi honorable ces guerriers opprimés. Protecteur éclairé des lettres et des arts, fondateur de l'université de Coïmbre où il avait attiré de toute l'Europe les plus savants hommes de son siècle, honorant l'agriculture, et ne dédaignant pas d'occuper ses royales mains à cet art utile, il avait, par ses grandes qualités, mérité et obtenu le titre glorieux de PÈRE DE LA PATRIE et de ROI LABOUREUR!

Quelle digne et glorieuse réhabilitation que l'estime et les bienfaits de ce monarque! C'est ainsi que l'Ordre des Templiers continua d'exister sous le nom d'Ordre du Christ. L'histoire nous a transmis le nom de quelques chefs des Templiers qui conservèrent dans l'Ordre du Christ le même rang qu'ils tenaient dans celui du Temple. Des censures ecclésiastiques contraignirent tous les anciens Chevaliers à rester dans l'Ordre du Christ. Cet Ordre jouissait d'une si grande considération, qu'aucun vice-roi ne partait pour les Indes sans être décoré du titre de Chevalier. Le Portugal eut beaucoup à se louer des Chevaliers du Christ et de l'emploi qu'ils faisaient de leur fortune.

Quand Philippe-le-Bel eut exigé et obtenu la bulle d'abolition de l'Ordre du Temple, sa politique fut satisfaite; et, quoique le Pape eût déclaré que les Chevaliers survivants à cette abolition seraient personnellement jugés par les conciles diocésains, la persécution cessa. Mais l'oubli indulgent qui sauvait les Chevaliers pouvait-il s'appliquer au Grand-Maître? Il avait toujours réclamé son jugement, et sans doute il le réclamait encore.

Le Pape s'était expressément et solennellement réservé le droit de prononcer sur cet illustre accusé; il s'en était imposé le devoir. Mais ce juge suprême et tout-puissant n'eût osé soutenir les regards et les discours de cette grande victime. Quel parti prendre ? Le Pape, sous un frivole prétexte, commit l'évêque d'Albe et les cardinaux de Saint-Eusèbe et de Sainte-Pâque, pour juger à Paris le Grand-Maître et trois autres chefs de l'Ordre.

La bulle du 11 des kalendes de janvier 1313 (v. st.) s'explique ainsi : « Ne pouvant, à cause des affaires pénibles « et multipliées qui nous occupent, donner notre application « personnelle au jugement du Grand-Maître et des autres « chefs de l'Ordre, que nous nous étions spécialement ré- « servé, nous vous chargeons d'examiner les procédures faites « contre eux, et notamment celles qui ont été faites par les car- « dinaux de Saint-Nérée et de Saint-Achillée, de Saint-Cy- « riaque et de Saint-Ange, qui avaient procédé d'après notre « mandat spécial. Nous vous donnons le pouvoir de condam- « ner et d'absoudre, et d'infliger une peine proportionnée aux « délits des accusés, et même de leur faire payer, sur les biens « de l'Ordre, ce que vous jugerez convenable pour leur nour- « riture, leur habillement, et les autres besoins. »

Les termes de la commission prouvent qu'il ne s'agissait pas de rendre un jugement contradictoire : pour la légalité d'un tel jugement, il eût fallu préalablement interroger le Grand-Maître et les autres chefs, entendre leurs défenses et justifications; mais la bulle ordonne de régler leur sort, en consultant seulement les premières procédures, et l'interrogatoire subi à Chinon par le Grand-Maître, devant les trois cardinaux, en août 1308, interrogatoire dont le Grand-Maître avait désavoué la rédaction lorsqu'il avait comparu devant la commission papale.

Cette nouvelle injustice explique la conduite que tint le Grand-Maître en présence des grands et du peuple qui assistaient à la proclamation du jugement. Comme le Roi voulait un spectacle d'apparat qui imposât au peuple et à la France, et qui devint le dernier acte de cette grande catastrophe, le 18 mars 1313 (v. st.) parurent en public, sur un

échafaud dressé dans le parvis Notre-Dame, les trois commissaires du Pape, auxquels avaient été adjoints Philippe de
Marigny, archevêque de Sens, et d'autres prélats dignes sans
doute de siéger à ses côtés. Le Grand-Maître et trois autres
chefs de l'Ordre furent amenés, et entendirent la sentence
qui les condamnait à la réclusion perpétuelle. Les juges comptaient sans doute sur le silence de ces infortunés, mais le
Grand-Maître saisit avec un courageux empressement cette
dernière occasion de s'expliquer devant la France et devant
la postérité.

Depuis six années, languissant dans les fers, manquant du
nécessaire, privé des secours et des bienfaits de la religion,
il était resté séparé de ses Chevaliers ; on avait refusé sa
présence à leurs vœux réitérés : conduit devant le Pape qui
était à Poitiers, on avait pris le parti de le faire arrêter à
Chinon et de le présenter seulement à des commissaires dont
il fut obligé de dénoncer le rapport infidèle. Ramené dans
les prisons de Paris, et apprenant que le Pape s'était réservé
son jugement, il avait demandé avec la vertueuse opiniâtreté
de l'innocence d'être conduit devant le Pontife pour être jugé ;
réclamation juste, sans cesse renouvelée, et renouvelée toujours en vain ! Accablé de la douleur que lui causaient le supplice injuste de tant de vertueux Chevaliers et la honte de quelques autres qui abandonnaient l'Ordre, il avait vu s'écouler
le temps fixé pour le concile général, sans y être appelé ni
pour sa propre défense, ni pour celle de son Ordre, quoique
ce fût son droit, quoique le Pape eût déclaré que les défenseurs de l'Ordre seraient admis devant les pères du concile. La
décision irrégulière et injuste qui prononçait l'abolition avait
retenti jusqu'au fond de son cachot. Enfin la dernière espérance qui lui était restée dans ses malheurs, l'espérance d'être
jugé par le Pontife suprême, lui était encore enlevée ; des
commissaires le jugeaient sans l'interroger, sans permettre
qu'il usât du droit naturel et sacré de proposer ses défenses :
quelle ressource pouvait donc rester au Grand-Maître ? La
mort. Il eut la vertu de la mériter ; il eut la gloire et le bonheur de l'obtenir.

Prenant à témoin tous les spectateurs, il s'écria : « Il est

« bien juste que dans un si terrible jour et dans les derniers
« moments de ma vie, je découvre toute l'iniquité du men-
« songe et que je fasse triompher la vérité. Je déclare donc,
« à la face du ciel et de la terre, et j'avoue, quoiqu'à ma
« honte éternelle, que j'ai commis le plus grand des crimes,
« mais ce n'a été qu'en convenant de ceux qu'on impute avec
« tant de noirceur à notre Ordre : j'atteste, et la vérité m'o-
« blige d'attester qu'il est innocent. Je n'ai même fait la dé-
« claration contraire, que pour suspendre les douleurs exces-
« sives de la torture, et pour fléchir ceux qui me les faisaient
« souffrir. Je sais les supplices qu'on a infligés à tous les Che-
« valiers qui ont eu le courage de révoquer une pareille con-
« fession ; mais l'affreux spectacle qu'on me présente n'est pas
« capable de me faire confirmer un premier mensonge par
« un second : à une condition si infâme, je renonce de bon
« cœur à la vie. »

Quelles furent la surprise et la pitié de cette foule de
spectateurs ! Mais aussi quelle fut la colère du Roi et de ses
agents, lorsqu'ils apprirent que le Grand-Maître et l'un des
autres chefs avaient montré ce désespoir vertueux ! Le conseil du Roi fut assemblé à l'instant, et, sans réformer la
sentence des commissaires du Pape, sans faire prononcer aucun
autre tribunal ecclésiastique, ce conseil condamna lui-même
aux flammes le Grand-Maître et l'illustre Chevalier qui avait
fait une semblable déclaration. On dressa le bûcher à la
pointe de la petite île de la Seine, non loin du couvent des
Augustins, et à l'endroit même où depuis a été placée la statue
équestre de Henri IV.

Le Grand-Maître et son généreux compagnon montèrent
sur le bûcher qui fut allumé lentement, afin que, brûlés à
petit feu, ils eussent le temps d'implorer grace, en désavouant
leurs rétractations. Qu'on juge des tourments de ces infortunés ! ils les supportèrent avec une constance que rien ne
put altérer. Tandis que le spectacle de leurs corps à demi-
brûlés, tandis que l'odeur fétide de leur chair consumée ré-
pandaient par-tout l'horreur et la pitié, eux seuls paraissaient
insensibles à leur sort ; protestant toujours, et jusqu'au dernier soupir, de leur innocence et de celle de l'Ordre, ils mon-

trèrent une énergie et une résignation dignes de leur rang et
de leurs vertus.

Ce spectacle tragique arracha des larmes à tous les spectateurs. Pendant la nuit, les cendres de ces victimes furent re-
cueillies, comme de vénérables reliques, par des personnes
pieuses et de saints religieux. Des historiens ont écrit que le
Grand-Maître, avant de rendre le dernier soupir, s'écria :
« CLÉMENT, juge inique et cruel bourreau, je t'ajourne à com-
« paraître, dans quarante jours, devant le tribunal du souve-
« rain juge. » D'autres ont ajouté qu'il ajourna pareillement
le Roi à y comparaître dans l'année.

Je ne m'arrêterai pas à discuter quel degré de confiance
méritent ces traditions ; mais le Pape étant mort dans les quarante jours, et le Roi dans l'année, et tous les deux d'une
mort imprévue, il est incontestable que l'opinion alors répandue de leur châtiment, par la justice céleste, est encore un
témoignage en faveur de l'Ordre et des Chevaliers. Les peuples n'imaginent pas que le ciel s'arme pour venger le supplice et la mort de personnes justement condamnées.

Tel fut le dénouement de la fatale et sanglante tragédie
dont Philippe-le-Bel avait disposé successivement toutes les
parties. Il avait pu comprimer l'opinion publique, lui imposer
silence, mais non pas la changer. En vain les actes du concile de Vienne étaient cachés ou supprimés : les prélats qui
avaient assisté à ce concile répandirent dans l'Europe les détails du scandale et de la violence dont ils avaient été les témoins et presque les victimes. Les historiens étrangers accusèrent Philippe-le-Bel. Le doute, l'incertitude qu'expriment
les chroniques françaises, forment une accusation plus terrible encore.

Quand la justice seule a interposé son autorité pour punir
de grands coupables, quand les ministres de la religion et de
la loi se sont concertés pour prononcer un juste châtiment,
l'opinion publique ne manque pas de l'approuver. Il n'est
pas d'exemple qu'elle ait injustement blâmé les actes de l'autorité, sur-tout dans des temps peu éclairés, où la seule apparition des formes légales établissait nécessairement un grand
préjugé contre les accusés qu'une sentence solennelle déclarait

coupables. Et comment l'opinion publique ne se serait-elle pas prononcée en faveur des infortunés Templiers, quand elle était encouragée par les souverains?

Sans parler du roi de Portugal qui les protégea si honorablement, du roi d'Angleterre qui ne dédaignait point de veiller à ce qu'ils reçussent dans leurs prisons les secours qui leur avaient été assignés; sans me prévaloir de la faculté qui leur avait été accordée de passer le reste de leur vie dans leurs propres maisons, quoique cédées aux Hospitaliers; comment expliquer l'évènement qui eut lieu cinq ans seulement après l'abolition de l'Ordre?

Quelques Templiers avaient cru, et avec raison peut-être, que l'abolition de l'Ordre les avait relevés de leurs vœux, et ils s'étaient mariés. On pouvait faire en faveur de la légitimité de ces mariages un raisonnement décisif. S'il était vrai que l'Ordre eût été coupable d'impiété et d'hérésie, s'il avait été aboli parce que ses statuts étaient contraires à la foi chrétienne, pouvait-on se refuser à l'évidence que dès-lors il n'avait pas existé de vœux légitimes qui eussent lié les Chevaliers, et qu'ainsi, quand ils se mariaient, on ne pouvait pas les accuser de manquer à leurs vœux?

Jean XXII examina la validité des mariages contractés par les Templiers depuis la destruction de l'Ordre, et il n'hésita point de regarder les Templiers comme liés par leurs vœux précédents. Il jugea donc que les réceptions des Chevaliers avaient été faites dans la forme licite. Il fit plus; il leur permit d'entrer à leur gré dans d'autres Ordres, et il ordonna qu'ils y fussent reçus sans difficulté. Voilà donc la cour de Rome qui proclame solennellement l'opinion qu'elle avait de l'innocence de ces malheureux proscrits. Cette cour pouvait s'expliquer impunément; Philippe-le-Bel n'existait plus.

Serait-il permis de conserver encore des doutes sur les motifs secrets et les prétextes apparents qui produisirent l'infortune des Chevaliers en France, et l'abolition de l'Ordre dans presque toute la chrétienté? La postérité soulève enfin le voile qui a couvert ce mystère politique. Et si l'on considère que, dans l'incertitude, les présomptions d'innocence sont en faveur des proscrits, s'il n'est clairement prouvé que la justice, exer-

cée par une autorité puissante, a été aussi impartiale que le
châtiment a été sévère ; si l'on considère que la voix des Templiers fut étouffée dans les flammes ou se perdit dans la soli-
tude des prisons ; que dans le temps où le Roi, le Pape et
tous les oppresseurs de tous ces infortunés les dénonçaient,
les poursuivaient, les accablaient, les exterminaient et sans
cesse et par-tout, ils ne pouvaient, du fond de leurs cachots,
rien opposer aux diffamations qui armaient contre eux l'opinion du moment ; que ces diffamations étaient lues au milieu
des temples et des places publiques, et que les accusés igno-
rant même tous ces libelles marqués du sceau de la loi, en
étaient avertis seulement par les tortures ; que menacés de la
mort et voulant interjeter un appel, ils ne purent obtenir,
même des commissaires du Pape, le secours et le ministère
d'un officier public pour valider cet appel ; si l'on considère
enfin que c'est par un hasard heureux qu'après avoir été en-
sevelies pendant cinq siècles, quelques pièces échappées aux
ravages du temps permettent de connaître les détails de ce
procès extraordinaire ; que c'est dans ces pièces dressées par
les accusateurs, qu'il faut chercher et qu'on trouve les preuves
évidentes de l'innocence de l'Ordre et des Chevaliers ; qu'ainsi
c'est de la bouche même de leurs ennemis que sort le cri de
la vérité ; n'ai-je pas, à l'exemple d'un ancien, et avec bien
plus de raison, le droit de dire à tous ceux que ce cri a
pénétrés d'un sentiment d'intérêt, de pitié et de conviction
en faveur de ces illustres proscrits : QUE SERAIT-CE, SI VOUS
LES AVIEZ ENTENDUS ...

N. B. De nombreuses citations et les pièces justificatives se trouvent
dans l'édition de ces MONUMENTS HISTORIQUES de 1813, chez Firmin
Didot.